ファミリービジネスの承継と税務

髙沢修一 著

東京 森山書店 発行

序　文

　わが国には、創業100年を超え老舗と称される長期存続企業が数多く存在し、「ファミリービジネス」が盛んであるが、ファミリービジネスにおけ創業家の承継を支えた存在が、「事業承継税制」である。事業承継税制は、通商産業省（現経済産業省）及び中小企業庁が昭和55（1980）年に設置した中小企業承継税制問題研究会（座長・富岡幸雄中央大学教授）にて検討され、昭和58（1983）年度税制改正において、「取引相場のない株式等に係る特例」及び「小規模宅地等の相続税の課税価格の計算の特例」を主柱として成立し、税制改正を重ねることにより整備される。

　この事業承継税制が、ファミリービジネスの承継において果たした役割の大きさについては特筆すべきものがあるが、事業承継税制に対しては批判的な見解も存在する。例えば、事業承継は、近親者の円滑な事業承継を前提としているが、事業規模の拡大に伴い事業承継の中心が個人の相続から組織の承継へと移行しているため、必ずしも企業経営の実態に合致しておらず、また、親の事業基盤と遺産を承継することができない者にとっては、事業意欲を喪失させる恐れがあるという批判的な見解が存在する。そして、事業承継税制と称していながら、事業とは無関係の居住用宅地等についても「小規模宅地等についての相続税の課税価格の計算の特例」を認めており整合性の面でも問題があると指摘される。つまり、事業承継税制と称しながら、画一的な相続税制を前提にして課税価格の計算において部分的な配慮をしているにすぎないと批判されている。

　一方、事業承継税制が、ファミリービジネスの経営者の円滑な事業承継に果

たした役割の重要性を高く評価する見解も存在する。なぜならば、ファミリービジネスの中枢を形成する非上場会社の経営者が事業承継時に有する資産としては、「取引相場のない株式等に係る特例」及び「小規模宅地等についての相続税の課税価格の計算の特例」の対象となる「自社株」と「土地」がその多数を占めるため、事業承継税制を用いた税制面における優遇措置が講じられなければ、相続税の税負担の重さが非上場・中小ファミリービジネスの事業承継を圧迫したと推測できるからである。

しかしながら、事業承継税制が誕生した当時と現在とでは、ファミリービジネスを取り巻く経営環境も大きく変化し、ファミリービジネスにおける創業家の事業承継を巡る新しい論点も生まれており、事業承継税制を再検討すべき時機を迎えている。

そのため、本書では、ファミリービジネスと事業承継税制における論点を整理するために、まず「ファミリービジネスと事業承継税制」(第1章) について検証し、次いで、非上場ファミリービジネスにおける物的承継の論点を解明することを目的として、「非上場ファミリービジネスの自社株評価」(第2章) と「非上場ファミリービジネスの土地評価」(第3章) について検証し、そして、事業承継税制では特に触れられていないが、世襲制の傾向が強くファミリービジネス分野の一角を占める農業相続人、宗教法人、及び清酒製造業者等を対象とした「特殊なファミリービジネスの承継」(第6章) について検証した。そして、新たな事業承継手法を検討することを目的として、「ファミリービジネスの信託活用」(第4章) と「ファミリービジネスの資産運用」(第5章) について検証したのである。

ただし、事業承継税制は、「物的承継」をその対象としているが、現実のファミリービジネスの承継においては、非上場会社又は上場会社を問わず、事業承継者の確保と育成という「人的承継」も重要な経営課題として認識されている。そのため、本書では、「上場会社創業家のファミリービジネス」(第7

章)と「ファミリービジネスの方向性」(第10章)について検証し、そして、人的承継の本質を分析することを目的として、同族近親者の世襲制により人的承継を行う「在日コリアン企業家のファミリービジネス」(第8章)と「韓国財閥のファミリービジネス」(第9章)についても検証したのである。

　著者が、事業承継の研究を志した理由は、税理士としての実務経験に基づくものであるが、事業承継研究の方向性をご教示して頂き、ご指導を賜りました、鈴木一道大東文化大学名誉教授、北野弘久日本大学名誉教授、富岡幸雄中央大学名誉教授のご指導に御礼申し上げたい。そして、公私にわたりご支援を賜っている後藤俊郎東海大学常務理事と本書の出版に際してご支援を賜った税理士法人税制経営研究所にも御礼申し上げたい。

　また、学会活動においても、学会報告の度に、諸先生方から親身なご指導を賜っている。この場を借りて皆様に御礼申し上げたい。

　なお、出版事情が厳しい折りにも関わらず、本書の出版を引き受けて頂いた森山書店代表取締役の菅田直文氏、菅田直也氏とスタッフの方々に御礼申し上げたい。

2016年10月

髙　沢　修　一

目　次

第1章　ファミリービジネスと事業承継税制 …………………… 1
第1節　ファミリービジネスの現状と経営課題 ………………… 1
第1項　ファミリービジネスの定義と特徴 …………………… 1
第2項　ファミリービジネスの物的承継と事業承継税制の重要性 …… 3
第3項　ファミリービジネスの人的承継と第二創業の可能性 ……… 6
第2節　事業承継の前提となる相続税法の検証 ………………… 7
第1項　シャウプ勧告の相続税法への影響と評価 …………… 7
第2項　法定相続分課税方式の意義と問題点 ………………… 9
第3項　相続税法と事業承継税制との関係 …………………… 12

第2章　非上場ファミリービジネスの自社株評価 ……………… 17
第1節　取引相場のない株式の評価方法と税制改正 …………… 17
第1項　取引相場のない株式の評価方法 ……………………… 17
(1)　上場会社と非上場会社の株式評価の相違 ………………… 17
(2)　純資産価額方式による評価 ………………………………… 19
(3)　類似比準価額方式による評価 ……………………………… 20
(4)　配当還元方式と収益還元方式による評価 ………………… 20
第2項　取引相場のない株式に係る特例の変遷 ……………… 22
(1)　昭和58年度税制改正 ………………………………………… 22
(2)　平成2年度税制改正 ………………………………………… 23
(3)　平成6年度税制改正 ………………………………………… 24
(4)　平成12年度税制改正 ………………………………………… 25
(5)　平成16年度税制改正 ………………………………………… 26
(6)　平成18年度税制改正 ………………………………………… 27

(7) 平成 20 年度税制改正 ……………………………………………… *27*
　　　(8) 平成 22 年度の税制改正 ……………………………………………… *28*
　　　(9) 平成 27 年度税制改正 ………………………………………………… *31*
　第 2 節　取引相場のない株式に係る特例における問題点 ……………………… *31*
　　第 1 項　営業権の評価上の問題点 ……………………………………………… *31*
　　第 2 項　法人税額相当額の評価上の問題点 …………………………………… *33*
　　第 3 項　負債性引当金の評価上の問題点 ……………………………………… *35*

第 3 章　非上場ファミリービジネスの土地評価 …………………… *39*
　第 1 節　小規模宅地等についての相続税の課税価格の計算の特例の意義と
　　　　　税制改正 ……………………………………………………………………… *39*
　　第 1 項　小規模宅地等についての相続税の課税価格の計算の特例の意義 …… *39*
　　第 2 項　小規模宅地等についての相続税の課税価格の計算の特例の変遷 …… *40*
　　　(1) 昭和 58 年度税制改正 ………………………………………………… *40*
　　　(2) 昭和 63 年度税制改正から平成 27 年度税制改正 …………………… *41*
　　　(3) 平成 15 年度税制改正 ………………………………………………… *42*
　　　(4) 平成 22 年度税制改正 ………………………………………………… *43*
　　　(5) 平成 27 年度税制改正 ………………………………………………… *43*
　第 2 節　小規模宅地等についての相続税の課税価格の計算の特例 …………… *45*

第 4 章　ファミリービジネスの信託活用 ………………………………… *49*
　第 1 節　後継ぎ遺贈型の受益者連続信託の可能性 ……………………………… *49*
　第 2 節　後継ぎ遺贈型の受益者連続型信託の課税方法と課税上の問題点 …… *50*
　　第 1 項　後継ぎ遺贈型の受益者連続型信託の課税方法 ……………………… *50*
　　第 2 項　後継ぎ遺贈型の受益者連続型信託の課税上の問題点 ……………… *53*
　第 3 節　後継ぎ遺贈型の受益者連続型信託を巡るその他の課題 ……………… *54*
　　第 1 項　遺留分減殺請求権とその遺留分の算定 ……………………………… *54*

第 2 項　遺留分に係る民法上の特例 ………………………………………… 55
　第 4 節　アメリカ信託制度との比較と後継ぎ遺贈型の
　　　　　受益者連続型信託の評価 ………………………………………………… 56
　　第 1 項　アメリカ信託制度との比較 ………………………………………… 56
　　第 2 項　後継ぎ遺贈型の受益者連続信託の評価 …………………………… 58

第 5 章　ファミリービジネスの資産運用 ……………………………………… 61
　第 1 節　BEPS 問題と 2 つの租税競争 ………………………………………… 61
　　第 1 項　法人課税におけるタックス・ヘイブン問題 ……………………… 61
　　第 2 項　資産課税における新たな租税競争の生起 ………………………… 64
　第 2 節　国外金融資産の実態把握 ……………………………………………… 67
　　第 1 項　日本人富裕層が有する国外資産の把握方法 ……………………… 67
　　第 2 項　米国人富裕層が有する海外資産の把握方法 ……………………… 68
　第 3 節　事業承継における租税競争問題の検討の意義 ……………………… 70

第 6 章　特殊なファミリービジネスの承継 …………………………………… 75
　第 1 節　特殊な事業承継と事業承継税制の関係 ……………………………… 75
　第 2 節　農業相続人の事業承継のケース ……………………………………… 76
　　第 1 項　農家の経営形態と人的承継 ………………………………………… 76
　　第 2 項　農業相続人が農地等を相続した場合の納税猶予の特例の意義 … 77
　第 3 節　宗教法人の事業承継のケース ………………………………………… 80
　　第 1 項　宗教法人の分類と人的承継 ………………………………………… 80
　　第 2 項　宗教法人の所有する保有地に対する固定資産税課税の是非 …… 81
　第 4 節　清酒製造業者の事業承継のケース …………………………………… 83
　　第 1 項　清酒業界の経営課題と人的承継 …………………………………… 83
　　第 2 項　酒税法第 7 条と人的承継の関連性 ………………………………… 84

第7章 上場会社創業家のファミリービジネス……………89

第1節 上場会社の創業家取締役とMBOとの関連性……………89
第1項 上場会社の創業家取締役の利益相反行為……………89
第2項 上場会社の創業家支配とMBOの状況……………90

第2節 シャルレMBO株主代表訴訟と取締役の善管注意義務……………92

第3節 全部取得条項付種類株式の活用とMBO等価格決定裁判……………95
第1項 会社法第171条の二段階手続き……………95
第2項 株式会社レックスホールディングスのMBO等価格決定裁判……………96
第3項 その他のMBO等価格決定裁判事例……………98
  (1) サンスター株式会社の事例……………98
  (2) 株式会社サイバードホールディングスの事例……………99
  (3) 株式会社ホリプロの事例……………99

第4節 上場会社創業家の人的承継の経営課題……………100

第8章 在日コリアン企業家のファミリービジネス……………103

第1節 在日コリアン企業家の経営実態……………103
第1項 在日コリアン企業家の起業類型……………103
第2項 在日コリアン企業家とパチンコ産業の関連性……………104
第3項 パチンコ税導入がパチンコ産業に与える影響……………106

第2節 在日コリアン企業家の相続方法……………108
第1項 韓国国際私法の改正と日韓の相続税法の相違点……………108
第2項 韓国家族観の形成と養子制度の変遷……………110

第3節 在日コリアン企業家の承継事例……………111
第1項 ロッテグループ創業家の承継争い……………111
第2項 MKグループ創業家の訴訟問題……………113

第9章　韓国財閥のファミリービジネス……………………………117
　第1節　韓国財閥の形成と経営破綻……………………………117
　第2節　韓国財閥が関与した税務事件…………………………120
　　第1項　SKグループの人的承継と韓国版エンロン事件………120
　　第2項　サムソン・CJグループの人的承継と秘密資金運用……121
　第3節　韓国財閥の人的承継の明暗……………………………123
　　第1項　LGグループの人的承継と正道経営……………………123
　　第2項　現代グループの人的承継と財閥分裂…………………125
　　第3項　その他の中堅財閥の人的承継…………………………127
　第4節　韓国財閥の婚縁ネットワーク…………………………128
　第5節　韓国財閥と香港財閥の比較……………………………131
　　第1項　韓国財閥と香港財閥の類似点・相違点………………131
　　第2項　韓国財閥の人的承継の特異性…………………………133

第10章　ファミリービジネスの方向性……………………………137
　第1節　税制改正に対する評価と実務上の課題………………137
　　第1項　平成25年度税制改正の概要……………………………137
　　第2項　平成25年度税制改正の評価……………………………139
　第2節　人的承継の重要性と第二創業の可能性………………142
　　第1項　人的承継及び第二創業の可能性………………………142
　　第2項　第二創業ビジネスモデルの構築………………………143
主要参考文献…………………………………………………………149
索　　引………………………………………………………………153

第1章
ファミリービジネスと事業承継税制

第1節　ファミリービジネスの現状と経営課題

第1項　ファミリービジネスの定義と特徴

　一般的に、老舗とは創業100年を超える企業のことを指すが、わが国には、「老舗」と称される長期存続企業が約2万社存在し、「ファミリービジネス」が盛んである。そして、この老舗と目される企業群は、大都市圏の東京及び大阪周辺、近江商人発祥の地の京都周辺、北前船の寄港地である新潟県等の日本海側や北陸地方に多いと報告されている[1]。

　また、ファミリービジネスには、創業100年を超える企業も多く存在するため、「老舗」と「ファミリービジネス」を同一の概念として認識する研究もある。しかし、老舗では、創業家ファミリーが企業経営を担っていないケースが存在するのに対し、ファミリービジネスでは、創業家ファミリーが永続的に企業経営を担っているため両者はその点で異なる。

　また、ファミリービジネスの定義は、その事業領域が非上場・上場、及び中小企業・大企業と広範囲に及ぶため明確にすることが難しい[2]。

　ところで、法人税法には、ファミリービジネスに類似した概念として「同族会社」の規定が存在する。同族会社とは、三人以下の株主が、当該会社の発行済株式又は出資の50％超を所有している会社のことである[3]。ただし、ファ

ミリービジネスと同族会社の間には、ある種の類似性を窺えたとしても、両者は必ずしも同一の概念とはいえない。

実際、わが国では、トヨタ自動車株式会社、サントリーホールディングス株式会社、及びキッコーマン株式会社等のように、創業家ファミリーの出資比率が低くても、創業家ファミリーが個人株主として相応の株式を保有し、創業家ファミリーが企業経営に参画していれば、「ファミリービジネス」として認識されている[4]。

つまり、ファミリービジネスの統一的な定義が定まらないのは、「ファミリービジネスという用語自体が多義的で、多様な企業形態、経営形態を含み得るということのほか、実際上、厳密に定義することが難しい場合が少なくない」[5]からである

また、ファミリービジネスの研究対象は、非上場・中小の事業領域を対象とするだけではなく、上場会社もその対象とするべきである。なぜならば、平成12(2000)年3月期における全上場企業2,515社の分析調査に拠れば、創業者及び創業家ファミリーが上場企業の最大株主として経営トップを担っている割合は約40%と高く、この数値は、わが国の企業経営におけるファミリービジネスの占める割合の高さを示しているからである[6]。

また、上場会社創業家が企業経営に影響を与えたケースとしては、平成28(2016)年6月28日の出光興産株式会社の定時株主総会において、出光興産株式会社の創業家グループが昭和シェル石油株式会社との合併に反対した事例等が挙げられる[7]。

すなわち、ファミリービジネスの認定においては、非上場・上場、又は従業員数等の会社規模よりも、創業家ファミリーの企業経営への参画の実態の方が重視されるべきなのである。

よって、本書では、ファミリービジネスについて、「創業家ファミリーが、企業経営に影響を及ぼすことを可能とする一定数の株式を所有し、そして、創

業家ファミリーが独自の経営理念に基づいて永続的に企業経営の中枢を占めているような事業形態のことである」と定義づけることにする。

第2項　ファミリービジネスの物的承継と事業承継税制の重要性

事業承継税制は、通商産業省（現経済産業省）及び中小企業庁が昭和55（1980）年に設置した中小企業承継税制問題研究会（座長・富岡幸雄中央大学教授）で検討されたが、この中小企業承継税制問題研究会での検討を経て、昭和57（1982）年に、中小企業承継税制議員連盟（会長・宇野宗佑衆議院議員）は、「近年、中小企業の事業承継時に過大な相続税額が問題となっているが、相続税額の負担軽減を目的として個人事業主の事業用財産の評価方法についても改善するべきである」と決議している。

その後、事業承継税制は、昭和58（1983）年度税制改正において、「取引相場のない株式等に係る特例」及び「小規模宅地等の相続税の課税価格の計算の特例」を主柱として成立し、税制改正を重ねることにより整備されていくが、事業承継税制がファミリービジネスの承継において果たした役割の大きさについては特筆すべきものがある。

ところで、富岡幸雄博士は、事業承継税制について、「私の税務会計学の領域には、所得税務会計と財産税務会計と消費税務会計と三つの分野があり、税務会計学分野の財産税務会計論のニューフロンティアとして財産評価を学問的に研究したが、その学問的成果が承継税制という形として政府を動かして実現させたのでる」[8]と説明している。

しかし、事業承継税制に対しては、批判的な見解も存在する。例えば、事業承継は、親から子への円滑な事業の承継を優遇することを前提としているが、事業承継の中心は事業規模の社会的な承継を主体としたものに移行してきており、また、20世紀において、人々は結果の平等ではなく機会の均等の下でお互いに競争し、経済社会の活性化を実現せねばならず、親の遺産を何の対価も

支払わずに相続する人が多くなるほど、裸一貫で立ち上がる人を不利にし、社会に対し不平等感を助長することになると指摘されている[9]。そして、事業承継税制と称していながら、事業とは無関係の居住用宅地等についても「小規模宅地等の相続税の課税の特例」を認めており整合性の面でも問題があるという見解もある[10]。加えて、現行の事業承継税制は、「画一的な相続税制を前提にして課税価格の計算において部分的な配慮を行うものにすぎない。評価制度も含めて、相続の態様に応ずる課税の仕組みが類型的に区別して構築される必要がある」[11]と批判されている。

また、事業承継税制では、世襲制の傾向が強くファミリービジネス分野の一角を形成する農家、宗教、及び酒造製造業者等の特殊な事業承継形態の領域について触れられていない。

近年、事業承継の手法は複雑化・多様化しており、事業承継税制が導入された頃とは大きく変化してる。例えば、平成18（2006）年、信託法改正に伴い「後継ぎ遺贈型の受益者連続型信託」が事業承継の新手法として活用できることになった。このようにファミリービジネスの事業承継を巡る手法も複雑化・多様化の様相を帯びてきているため、『ファミリービジネスの承継と税務』を研究する場合には、新規の事業承継手法についても検討することが求められるのである。

そして、租税競争は、ファミリービジネス創業家の承継において新しい問題点を生み出している。一般的に、租税競争とは、自国の経済発展を目的として、「国内産業の国際的な競争力を高めることにより国内資本の強化を図るか、または、外国資本の積極的な誘致により海外からの直接投資の増進を図ることを目的として、当該国内の租税負担を国際的水準よりも緩和させることである」[12]と説明されるが、法人税率の低いタックス・ヘイブン（Tax Heven）を活用することにより法人税額の租税回避行為を図ることもその範疇に含まれる。

【図表1-1】 日本国及び諸外国の相続税率

●日本国の相続税率

各取得分の金額	率（％）	控除額（万円）
1,000万円以下	10	—
3,000万円以下	15	50
5,000万円以下	20	200
1億円以下	30	700
2億円以下	40	1,700
3億円以下	45	2,700
6億円以下	50	4,200
6億円　超	55	7,200

●日本国の贈与税率

基礎控除及び配偶者控除後の課税価格	率（％）	控除額（万円）
200万円以下	10	—
300万円以下	15	10
400万円以下	20	25
600万円以下	30	65
1,000万円以下	40	125
1,500万円以下	45	175
3,000万円以下	50	250
3,000万円　超	55	400

●諸外国の相続税率

相続税率0％の国	アルゼンチン、イタリア、インド、インドネシア、エストニア、オーストラリア、カナダ、キプロス、コロンビア、シンガポール、スイス、スウェーデン、スロバキア、スロベニア、タイ、チェコ共和国、中華人民共和国（香港）、ベトナム、ポルトガル、マルタ、マレーシア、メキシコ、ラトビア、リトアニア、ロシア　他

●諸外国の贈与税率

贈与税率0％の国	アルゼンチン、オーストラリア、カナダ、シンガポール　他

（出所）Tax Relief 2001, *A Summary of Selected Provisions of the Economic Growth and Tax Relief Reconciliation Act of 2001*, The National Underwriter Company, 2001, p 66.

しかしながら、行き過ぎた租税競争は、法人税における租税回避問題だけではなく、相続税における租税回避問題も生起させている。例えば、ファミリービジネスの経営者及び富裕層の資産家のなかには相続税納税額の減少を目的として、相続税率及び贈与税率が0％の国へ資産移転を図る者も出現している[13]。

　一方、わが国の税制改革は、諸外国の資産課税の動向とは逆行しており、図表1-1に示すように、相続税の最高税率が引き上げられたため、資産の海外移転を図る者や海外移住を検討する者が増加している。

　つまり、法人税における租税競争と同じように相続税においても租税競争の様相を帯び始めているのである。そのため、ファミリービジネス創業家の事業承継における新たな論点として、資産課税を巡る租税競争についても検討することが求められるのである。

第3項　ファミリービジネスの人的承継と第二創業の可能性

　ファミリービジネス創業家の事業承継では、事業の後継者の確保を目的とする「人的承継」も重要な経営課題といえる。特に、創業家が経営支配しているオーナー企業では、「全体の68.2％にあたる27万9,160社が、現在、後継者未定（未詳も含む）であり、そして、年商区分が低いほど後継者の未定率は高くなっており、『年商1億円未満』のオーナー企業では4社のうち3社が後継者未定となっており、このことから、規模の小さなオーナー企業では、事業の継続が今後の大きな課題となる可能性がある」[14]のである。そのため、非上場・中小のファミリービジネスにおいては、事業承継者の確保と育成という「人的承継」は、重要な経営課題として位置づけられるのである。

　ただし、この人的承継問題は、独り非上場・中小のファミリービジネスだけの経営課題とはいえず、上場・大手のファミリービジネスにおいても発生する経営課題であり、そのため、『ファミリービジネスの承継と税務』の研究にお

いては、上場会社創業家のファミリービジネスについても検討することが求められる。

この人的承継は、ファミリービジネスの承継者の確保及び育成という視点からアプローチされがちであるが、事業承継という経営者の交代を"ビジネスモデルの再構築"として認識することにより「第二創業」の機会と捉えることもできる。

また、第二創業は、「既存事業が存在するなかで、既存事業の見直し・底上げから一歩踏み込んで、既存事業の経営資源を活かしながら、あたかも新規創業のごとく、新規事業分野に挑んでいくことである」と定義されるが、第二創業のキーマンとなるのは、「世代交代（事業承継）や権限移譲などを機に満を持して登場してくる若手後継者のケースが多い」のである[15]。

第2節　事業承継の前提となる相続税法の検証

第1項　シャウプ勧告の相続税法への影響と評価

わが国の相続税は、明治38（1905）年に創設されるが、創設当時は「遺産税方式」を採用しており、遺産相続よりも家督相続を重視し親疎の別に応じた税率が採用された。そして、昭和22（1947）年には、相続税の見直しを行い、家督相続を廃止し申告納税制度を導入すると共に、贈与者の一生涯を通じた累積課税方式の贈与税が採用されたのである。

その後、わが国の相続税は、昭和25（1950）年に、「シャウプ勧告」に基づく「遺産取得課税方式」に変更されるが、一般的に、「シャウプ勧告」とは、「シャウプ使節団日本税制報告書」（Report on Japanese Taxation by the Shoup Mission, vol. 1〜4,1949）と「第二次報告書」（Second Report on Japanese Taxation by the Shoup Mission, 1950）の併称である。

このシャウプ勧告が、わが国の税法制度、特に所得税法及び法人税法に与えた影響力の大きさについて異議を唱える者は少ないが相続税法にも影響を与えており、シャウプ勧告は、「不当な富の集中的な蓄積を阻止し、その富を国庫に寄与せしめることを目的として税法制度の整備がなされたため、相続税法においてもシャウプ勧告は"財政上の実験"としての意義を有する」[16]と評されたのである。しかし、シャウプ勧告のなかに"事業承継の概念"を窺うことはできい。それどころか、シャウプ勧告は、むしろ中小資産階層に重税を課すという批判さえ向けられている[17]。

ところで、相続税法におけるシャウプ勧告の内容は、次の六点に集約することができる。

第一に、シャウプ勧告は、生前贈与による租税回避を防ぐために"相続税と贈与税との一体化"を勧告した。第二に、シャウプ勧告は、課税の公平性を目的として「家制度」を前提とする血族の親疎に左右されない累積課税の導入を勧告した。第三に、シャウプ勧告は、課税の中立性を目的として課税方式を「遺産税方式」から「遺産取得税方式」へ移行することを勧告した。第四に、シャウプ勧告は、従前の10％から60％までの19段階の税率に替えて25％から90％までの14段階の累進性の高い税率の採用を勧告した。第五に、シャウプ勧告は、所得税の補完を目的として「富裕税」の創設を勧告した。第六に、シャウプ勧告は、相続税の配偶者に対する減額、未成年者控除及び年長者控除の創設を勧告した。

また、シャウプ勧告は、その序文で「本使節団は、日本における恒久的な租税制度を立案することをその主要な目的としている…われわれの目的は、商工業者および相当な生計を営むすべての納税者の記帳を励行し、公平に関連するかなり複雑な問題を慎重に論究することを辞さないということに依存する近代的な制度を勧告するにある」と記していることからも、公平性の原則を重視していることは明らかであり、租税負担における適正公平の実現を目指している

のである。

　一般的に、民主主義社会において、市民がその権利を保持するためには、租税負担の配分が適正なものであり、かつ公平なものでなければならないが、シャウプ勧告においても市民権利の保持と適正な租税負担の配分の実現を目的としていると推測できる。そして、シャウプ勧告では、公平負担の要請に応じるために包括的所得を課税ベースとして直接税を中心とする租税負担の配分が行われたのである。

　すなわち、シャウプ勧告は、"相続税と贈与税との一体化"を目的として、個人が生涯を通じて取得する財産を対象に、財産取得者に対して遺産取得課税の相続税と生涯累積課税の贈与税とを総合的に課税するという画期的な税法制度の整備を提唱した。しかし、このシャウプ主導の相続税法は、昭和28（1953）年と昭和33（1958）年に改正され瓦解していく。

　昭和28（1953）年には、一生累積課税を廃止し、相続税の補完税として贈与税を創設し、富裕税及び年長者控除も廃止されたが、一生累積課税方式を廃止した理由としては、生涯を通じて取得した資産を公的に記録することの困難さが挙げられる。そして、昭和33（1958）年には、相続税の課税方式が、「遺産取得税方式」から「法定相続分課税方式」に改正された。

　つまり、遺産取得課税方式は、分割相続を前提としているが、農業従事者や中小企業経営者等の相続では分割相続を採用することが難しく、民法を拠りどころとする法定相続分の規定に基づく「法定相続分課税方式」が導入されたのである。

第2項　法定相続分課税方式の意義と問題点

　主要国における相続税は、図表1-2に示すように、アメリカ及びイギリス等は、被相続人の遺産を課税対象とする「遺産税方式」を採用し、ドイツ及びフランス等は、被相続人から遺産を取得した者の取得した財産を課税対象とする

【図表1-2】 諸外国の相続税率及び基礎控除等〔2015年1月現在〕

区分	アメリカ	イギリス	ドイツ	フランス	日本
課税方式	遺産税方式	遺産税方式	遺産取得税方式	遺産取得税方式	法定相続分課税方式
最高税率	40%	40%	30%	45%	55%
最低税率	18%	40%	7%	5%	10%
基礎控除等	有り ※配偶者：免税	有り ※配偶者：免税	有り ※配偶者：利益調整分非課税	有り ※配偶者：免税	有り ※配偶者：税額控除

「遺産取得税方式」を採用している。

　しかし、遺産税方式と遺産取得税方式では、税制としての考え方が大きく異なっており、前者は、「人は生存中に蓄積した富の一部を死亡にあたって社会に還元すべきであるという本来の財産税の考え方に基づいているのに対して、後者は、偶然の理由による富の増加を抑制するという所得税の補完税としての考え方に基づいている」[18]のである。

　一方、わが国の相続税法は、「法定相続分課税方式」を前提とし、遺産共有持分者を対象として、相続又は遺贈により取得した財産の課税価格に基づいて計算するが、わが国の相続税税率は、主要国の相続税税率と比較すると高率に設定されている。

　また、法定相続分課税方式の法的な拠りどころとなるのは、民法第907条である。民法第907条の①は、「共同相続人は、次条の規定により被相続人が遺言で禁じた場合を除き、いつでも、その協議で、遺産の分割をすることができる」と規定し、さらに同条の②で、「遺産の分割について、共同相続人間に協議が調わないとき、又は協議をすることができないときは、各共同相続人は、その分割を家庭裁判所に請求することができる」と規定する。また、相続税法第55条は、「民法の規定による相続分又は包括遺贈の割合に従って当該財産を取得したものとしてその課税価格を計算するものとする」と規定する[19]。つ

まり、相続税は、民法第907条及び相続税法第55条の規定を受けて、遺産分割協議により確定した課税価格に基づいて算定されるのである。

ところで、平成19（2007）年11月の政府税制調査会の答申『抜本的税制改革に向けた基本的考え方』は、法定相続分課税方式について、「①必ずしも個々の相続人の相続額に応じた課税がなされず、また、②一人の相続人の申告漏れにより他の共同相続人にも追徴課税が発生する。また、③居住等の継続に配慮した現行の各種特例は、現行課税方式の下では居住等を継続しない他の共同相続人の税負担をも軽減する効果があるため、制度の趣旨や課税公平性の面からも問題と考えられる。これら特例の拡充はこの問題の増幅につながることにも留意する必要がある」と指摘している。

すなわち、法定相続分課税方式の代表的な問題点としては、①水平的公平性の問題、②相続財産の事後変動に伴う加算税の問題、及び、③各種特例に伴う特例効果の問題が挙げられるのである。

第一に、水平的公平性の問題とは、被相続人から取得した財産が同額のものであっても、被相続人の遺産総額によっては税負担が異なることになるという問題である。例えば、相続人が取得する相続財産の総額が同額の場合でも、遺産総額及び法定相続人の数が異なれば相続税の負担税額が異なることになるのである。

第二に、相続財産の事後変動に伴う加算税の問題とは、相続税の申告後に新たな相続財産の申告が必要となった場合には課税対象となる相続財産が変動することになり、その結果、新たに相続財産を取得しない相続人に対しても相続税額の負担増を担わせることになるという問題である。

第三に、各種特例に伴う特例効果の問題とは、小規模宅地等についての相続税の課税価格の計算の特例、及び農業相続人が農地等を相続した場合の納税猶予の特例により、相続税の軽減という特例を享受できる者と特例を享受することができない者が生まれることが納税者間に不公平感を醸成させるという問題

である。事業承継税制は、「取引相場のない株式等に係る特例」及び「小規模宅地等についての相続税の課税価格の計算の特例」という税務上の特例を主柱とするため、法定相続分課税方式との整合性が求められることになる。

既述のように、法定相続分課税方式はいくつかの問題点を抱えており、再検討の時期を迎えている。実際、遺産取得税方式の採用を支持する研究者は多い。なぜならば、遺産取得税方式は、「相続財産の額に応じて税負担が相続人の間に公平に分配され、富の集中排除の要請によりよく適合する」ことを実現できる課税方式だからである[20]。

第3項　相続税法と事業承継税制との関係

ファミリービジネスの承継における相続税の計算は、原則的に、相続税法を拠りどころとして「法定相続分課税方式」に基づいて算定されるが、ファミリービジネスの中核を形成する非上場・中小の経営者の事業承継において、「法定相続分課税方式」に基づいて相続税を算定した場合には、非上場・中小の経営者の事業承継は厳しいものになる。そのため、わが国では、非上場・中小の経営者の円滑な事業承継を目的として「事業承継税制」が誕生したのである。

この事業承継税制研究の先達は富岡幸雄博士であり、学問的成果の実務への反映として誕生した「事業承継税制」は、昭和58（1983）年度税制改正において、「取引相場のない株式等に係る特例」及び「小規模宅地等についての相続税の課税価格の計算の特例」を主柱として成立する。

しかし、事業承継税制に対しては批判的な指摘もある。例えば、事業承継は、近親者の円滑な事業承継を前提としているが、事業規模の拡大に伴い事業承継の中心が個人の相続から組織の承継へと移行しているため、必ずしも企業経営の実態に合致しておらず、また、親の事業基盤と遺産を承継することができない者にとっては、事業意欲を喪失させる恐れがあるという批判的な見解が

存在する。

　また、事業承継税制と称していながら、事業とは無関係の居住用宅地等についても「小規模宅地等についての相続税の課税価格の計算の特例」を認めており整合性の面でも問題があると指摘される。

　一方、事業承継税制が、ファミリービジネスの経営者の円滑な事業承継に果たした役割を高く評価する見解も存在する。なぜならば、ファミリービジネスの中枢を形成する非上場会社の経営者が事業承継時に有する資産としては、「取引相場のない株式等に係る特例」及び「小規模宅地等についての相続税の課税価格の計算の特例」の対象となる「自社株」と「土地」がその多数を占めるため、事業承継税制を用いた税制面における優遇措置が講じられなければ、相続税の税負担の重さが非上場・中小のファミリービジネスの事業承継を圧迫したと推測できるからである。

　しかしながら、事業承継税制が誕生した当時と現在とでは、ファミリービジネスを取り巻く経営環境も大きく変化し、ファミリービジネスにおける創業家の事業承継を巡る新しい論点も生まれている。例えば、ファミリービジネスの経営者及び富裕層の事業承継対策は、グローバル化の様相を帯び、「物的承継」の対象となる資産も国内資産から国外資産へと変化し始めている。そのため、ファミリービジネスの承継において重要な位置を占めている「事業承継税制」についても再検討すべき時機を迎えているのである。

注
(1) 鉢嶺　実稿「『老舗』の経営が示唆するものは何か」『信金中金月報』2010年8月号、8-9ページ。
(2) Wortman, M. S (1994), Theoretical foundations for family—owned business : A conceptual and research—based paradigm *Family Business Review*, 7 (1), pp. 3-27.
(3) 法人税法第2条第10号は、同族会社について、「会社の株主等（その会社が自己の株式又は出資を有する場合のその会社を除く。）の三人以下並びにこれらと政令で定める

特殊の関係のある個人及び法人がその会社の発行済株式又は出資（その会社が有する自己の株式又は出資を除く。）の総数又は総額の百分の五十を超える数又は金額の株式又は出資を有する場合その他政令で定める場合におけるその会社をいう」と規定する。

(4) 倉科敏材編著『オーナー企業の経営』（中央経済社、2008年）6-7ページ、及び倉科敏材著、『ファミリー企業の経営学』（東洋経済新報社、2003年）15ページ。

(5) 信金中央金庫総合研究所編「ファミリービジネス研究の論点とアプローチ ―肯定的に捉え、長所を活かし方法を模索すべき―」『産業企業情報』21-1（2009年）1ページ。

(6) 経済産業政策局企業会計室編「企業情報開示等をめぐる国際動向」（2013年）17ページ参照。倉科敏材著『ファミリー企業の経営学』（東洋経済新報社、2003年）、斎藤達弘稿「ファミリー企業であり続けるために」『大阪大学経済学』Vol. 57 No. 4（2008年）7ページ参照。

(7) 出光興産株式会社の経営者側が、昭和シェル石油との合併を実現するためには、株主総会の特別決議として3分の2以上の賛成が必要である。しかし、平成28（2016）年の定時株主総会では、出光興産株式会社創業家グループの賛同を得ることができず、月岡　隆社長の取締役再任への賛成率が52.3％に留まり、出光興産株式会社創業家グループの反対は38.6％（議決権ベースでは33.92％）になった。

(8) 富岡幸雄稿「討論　相続税制の再検討」日本租税理論学会編著『相続税制の再検討』租税理論研究叢書13（法律文化社、2003年）129ページ。

(9) 森信茂樹著『日本の税制　グローバル時代の「公平」と「活力」』（PHP新書、2001年）149ページ、石　弘光著『税制スケッチ帳』（時事通信出版局、2005年）142-143ページに詳しい。

(10) 小池正明稿「相続税制の再検討―現行相続税制の実務上の問題点」日本租税理論学会編著、『相続税制の再検討』租税理論研究叢書13（法律文化社、2003年）86ページ。

(11) 北野弘久著『現代企業税法論』（岩波書店、1994年）385ページ。

(12) C. Pinto (1988), EU and OECD to Fight Harmful Tax Competition : Has the Right Path Been 7ndertaken ?, *Intertax*, Vol. 26, Issue 12, Dec, p. 386.

(13) Tax Relief 2001, *A Summary of Selected Provisions of the Economic Growth and Tax Relief Reconciliation Act of 2001*, The National Underwriter Company, 2001, p 66.

(14) 株式会社帝国データバンク本社調査部稿「全国オーナー企業分析」2010年3月10日、4ページ。

(15) 鉢嶺　実稿「脚光を浴びる『第二創業』―既存事業の"行き詰まり感"の打開へ向けて」『信金中金月報』2005年3月号、1ページ。

(16) M. Bronfenbrenner and K. Kogiku (1957), The Aftermath of the Shoup Tax Re-

forms：Paet1, *National Tax Journal*, Vol. X. No. 3, September., pp. 240-241.
(17) 神野直彦稿「シャウプ勧告の相続税・贈与税」社団法人日本租税研究協会編『シャウプ勧告とわが国の税制』（社団法人日本租税研究協会、1983年）210ページに詳しい。

　なお、事業承継税制という名称ではないが、1997年納税者救済法（Taxpayer Relief Act of 1997）において、一定要件を充たした者を対象として、事業用資産に係る非課税措置等の納税者に対する減額措置が設けられている。また、アメリカの相続税制においては、遺産税と贈与税との両者に適用される統一税額控除が存在する。そして、この統一税額控除の存在が、一生涯を通じて累積される累積課税方式の採用を可能とさせている。

　（出所）Richard L. Doernberg, *International Taxation in a Nutshell, Third Edition*, West Publishing Company, Registered in the U.S. 1996, chapter 14. 川端康之監訳、『アメリカ国際租税法（第3版）』清文社、2001年、272ページ。
(18) 金子　宏著『租税法〔第13版〕』（弘文堂、2008年）448ページ。
(19) 相続税法第55条は、「相続若しくは包括遺贈により取得した財産に係る相続税について申告書を提出する場合又は当該財産に係る相続税について更生若しくは決定をする場合において、当該相続又は包括遺贈により取得した財産の全部又は一部が共同相続人又は包括受遺者によってまだ分割されていないときは、その分割されていない財産については、各共同相続人又は包括受遺者が民法（第九百四条の二《寄与分》を除く。）の規定による相続分又は包括遺贈の割合に従って当該財産を取得したものとしてその課税価格を計算するものとする」と規定する。
(20) 金子　前掲書　448ページ。

第2章
非上場ファミリービジネスの自社株評価

第1節　取引相場のない株式の評価方法と税制改正

第1項　取引相場のない株式の評価方法

(1) 上場会社と非上場会社の株式評価の相違

　ファミリービジネスにおける「上場会社株式」の評価方法は、原則的に、納税者の税負担を少なくすることを目的として、図表2-1に示すような、評価価格のなかで最も低い価格で評価できる。

　また、非上場ファミリービジネスにおける「取引相場のない株式等」の評価方法は、図表2-2に示すように、コスト・アプローチ、マーケット・アプローチ、及びインカム・アプローチに分類される。

　第一に、コスト・アプローチとは、評価会社の財務情報である貸借対照表に基づきストックである純資産に着目して価額を計算する評価方法のことであ

【図表2-1】　上場株式の評価方法

①	課税時期の最終価格
②	課税時期の属する月の毎日の最終価格の平均額
③	課税時期の属する月の前月の毎日の最終価格の平均額
④	課税時期の属する月の前々月の毎日の最終価格の平均額

【図表 2-2】 取引相場のない株式の評価方法

評価方法	コスト・アプローチ	マーケット・アプローチ	インカム・アプローチ
計算の方法	評価会社の財務情報である貸借対照表に基づきストックである純資産に着目して価額を計算する。	評価会社と業種・規模・収益等の業務内容が類似している上場会社を標本会社として比較することにより価額を計算する。	評価会社が獲得することが期待される将来の経済的利益である収益に着目して価額を計算する。
代表的方法	純資産価額方式	類似比準価額方式	配当還元方式・収益還元方式　等
メリットデメリット	比較性及び客観性に優れているが、評価会社の清算を前提とするため、市場性や将来予測に問題がある。	公開会社の会社情報を前提とするため信頼性が高いが、類似会社の選定において恣意性が入るという問題がある。	将来的な収益性を見積もることができるが、将来予測を前提としているため、客観性に劣るという問題がある。

り、比較性及び客観性に優れているというメリットと、評価会社の清算を前提とするため市場性及び将来予測に問題があるというデメリットを有している。なお、コスト・アプローチを代表する評価方法としては、「純資産価額方式」が挙げられる。

　第二に、マーケット・アプローチとは、評価会社と業種・規模・収益等の業務内容が類似している上場会社を標本会社として比較することにより価額を計算する評価方法のことであり、上場会社の会社情報を前提とするため信頼性が高いというメリットと、類似会社の選定において恣意性が入るというデメリットを有している。なお、マーケット・アプローチを代表する評価方法としては、「類似比準価額方式」が挙げられる。

　第三に、インカム・アプローチとは、評価会社が獲得することを期待される将来の経済的利益である収益に着目して価額を計算する評価方法のことであり、将来的な収益性を見積もることができるというメリットと、将来予測を前提としているため客観性に劣るというデメリットを有している。なお、インカム・アプローチを代表する評価方法としては、「配当還元方式」及び「収益還

元方式」等が挙げられる。

(2) 純資産価額方式による評価

純資産価額方式は、図表2-3及び図表2-4に示すように、資産を簿価で評価する「簿価純資産価額方式」と、資産を時価で評価する「時価純資産価額方式」とに大別できる。

そして、簿価純資産価額方式は、「株主資本と評価・換算差額等をもって純資産額とし、これを発行済の総株式数で除することによって1株当たりの株式価額を求める」ことができ、時価純資産価額方式は、「事業投資も時価で評価

【図表2-3】 純資産価額方式の分類

分類	内容
簿価純資産価額方式	貸借対照表に計上されている各資産の帳簿価額による純資産価額をもって株式の価額とする。
時価純資産方価額式	貸借対照表に計上されている各資産を時価に引き直し、その純資産価額をもって株式の価額とする。なお、時価純資産価額方式には、再調達時価純資産価額方式（事業を新たに開始する際に同じ資産を取得するとした場合における価額を算定する）と、清算処分時価純資産価額方式（会社を清算するとした場合における早期処分価額を算定する）等がある。

(出所) 中小企業庁編著、『経営承継法における非上場株式等評価ガイドライン』（2009年）、14ページ。

【図表2-4】 純資産価額方式の計算方法

・1株当たりの純資産価額
　＝｛(総資産評価額－負債金額)－清算所得に対する法人税等相当額｝÷発行済株式総数

・清算所得に対する法人税等相当額
　＝評価差益｛帳簿価額と相続税評価額の差額｝×実行税率

するため、これによって生じた事業投資の評価差額に、税効果と同様に〔1—法定実行率〕を乗じた上で、簿価純資産価額方式における総資産額に加算して求める」ことができる[1]。

また、純資産価額方式は、企業の清算を前提要件として株式の評価を行うため、継続企業という視点から考察すると問題点を指摘できる。

しかしながら、非公開会社の企業経営は、創業者のカリスマ性、営業力、及び資金調達能力等に依存するところが大きく、創業者の死亡は、事実上の企業解散に繋がることが多いため、取引相場のない株式の評価において「純資産価額方式」を採用することは適している[2]。

(3) 類似比準価額方式による評価

類似比準価額方式は、図表2-5に示すように、類似業種の株価並びに1株当たりの配当金額、年利益金額、及び純資産価額（帳簿価額によって計算した金額）を基にして計算する評価方式のことである。

つまり、類似比準価額方式とは、業務内容が類似している上場会社を標本会社として選定し、配当金額、利益金額、及び純資産価額の三要素に基づいて、評価会社と標本会社とを比較することにより算定する評価方法のことであり、「評価会社と規模、業種、事業内容が類似している標本会社が複数あり、その平均値が得られる場合に適している」[3]と評される。

しかし、類似比準価額方式には、比較対象に用いる標本会社の数値選定によって評価会社の評価額が大きく変動する可能性があるという問題点が指摘されている。

(4) 配当還元方式と収益還元方式による評価

配当還元方式は、図表2-6に示すように、企業の配当実績を示す1株式あたりの直前期末以前2年間の平均配当額を基準にして、この年平均配当額を一定

【図表2-5】 類似比準価額方式

前項の類似業種比準価額は、類似業種の株価並びに1株当たりの配当金額、年利益金額及び純資産価額（帳簿価額によって計算した金額）を基とし、次の算式によって計算した金額とする。この場合において、評価会社の直前期末における資本金等の額（法人税法第2条（（定義））第16号に規定する資本金等の額をいう。以下同じ。）を直前期末における発行済株式数（自己株式（会社法第113条第4項に規定する自己株式をいう。以下同じ。）を有する場合には、当該自己株式の数を控除した株式数。以下同じ。）で除した金額（以下「1株当たりの資本金等の額」という。）が50円以外の金額であるときは、その計算した金額に、1株当たりの資本金等の額の50円に対する倍数を乗じて計算した金額とする。（昭44直資3-20・昭47直資3-16・昭58直評5外・平12課評2-4外・平18課評2-27外・平20課評2-5外改正）
(1) 上記算式中の「A」、「Ⓑ」、「Ⓒ」、「Ⓓ」、「B」、「C」及び「D」は、それぞれ次による。
「A」＝類似業種の株価
「Ⓑ」＝評価会社の1株当たりの配当金額
「Ⓒ」＝評価会社の1株当たりの利益金額
「Ⓓ」＝評価会社の1株当たりの純資産価額（帳簿価額によって計算した金額）
「B」＝課税時期の属する年の類似業種の1株当たりの配当金額
「C」＝課税時期の属する年の類似業種の1株当たりの年利益金額
「D」＝課税時期の属する年の類似業種の1株当たりの純資産価額（帳簿価額によって計算した金額）
（注）類似業種比準価額の計算に当たっては、Ⓑ、Ⓒ及びⒹの金額は183《評価会社の1株当たりの配当金額等の計算》により1株当たりの資本金等の額を50円とした場合の金額として計算することに留意する。
(2) 上記算式中の「0.7」は、178《取引相場のない株式の評価上の区分》に定める中会社の株式を評価する場合には「0.6」、同項に定める小会社の株式を評価する場合には「0.5」とする。

（出所）国税庁ホームページ
http://www.nta.go.jp/shiraberu/zeiho-kaishaku/tsutatsu/kihon/sisan/hyoka/08/03.htm

の資本還元率で除することにより計算する。そして、この配当還元方式は、同族株主等以外の少数株式を保有する株主に対して適用される合理的な計算方法である。

また、収益還元方式とは、企業の1株あたりの予想利益を一定の利回りで資本還元して計算する評価方法ののことである。この収益還元方式は、会社のフ

【図表 2-6】 配当還元方式

> 取引相場のない株式は、原則として、以上のような方式により評価しますが、同族株主以外の株主等が取得した株式については、その株式の発行会社の規模にかかわらず原則的評価方式に代えて特例的な評価方式の配当還元方式で評価します。配当還元方式は、その株式を所有することによって受け取る一年間の配当金額を、一定の利率（10％）で還元して元本である株式の価額を評価する方法です。

（出所）国税庁ホームページ https://www.nta.go.jp/taxanswer/hyoka/4638.htm

ローとしての収益及び利益に着目して株式を評価する計算方法のことであり、収益還元方式に基づいて計算された株価は、会社の動的価値を表現しており、継続企業を評価するうえで理論的に最もすぐれてた方法であると評価されているが、一方で、将来の収益及び利益の予想という不確定要素を計算の根拠とするという欠点を有している計算方法でもある[4]。

第2項　取引相場のない株式に係る特例の変遷

(1) 昭和58年度税制改正

昭和58（1983）年度税制改正のポイントとしては、次の三点が挙げられる。

第一に、小会社の場合、純資産価額方式のみであった点を改めて純資産価額方式と類似比準価額方式との併用を容認し、そして、中会社（小）では、両方式の折衷割合が図表2-7に示すように、0.25から0.5に引き上げられた。

第二に、類似業種の適用にあたり従前の類似業種の業種分類において、小分類に該当する類似業種が存在しないときには中分類の業種を、そして中分類に該当する類似業種が存在しないときには大分類の業種を適用するようにと規定されていたが、改正後は類似業種が小分類に属する業種目について小分類と中分類との選択適用が容認された。

第三に、従前の類似業種の適用株価において、類似業種の適用株価について相続開始の日の属する月以前3か月間の各月の平均株価のうち最も低い価額を

【図表 2-7】 取引相場の株式等の折衷割合

法人の規模別区分		改正前	改正後
小会社		0%	50%
中会社	小	25%	50%
	中	50%	50%
	大	75%	75%
大会社		100%	100%

(出所) 富岡幸雄著、『事業推進型事業承継税制への転換～事業承継税制の推移と改革構想～』(ぎょうせい、2001 年) 59 ページ。

適用することにしていたが、前年一年間の平均株価も付加された。

(2) 平成 2 年度税制改正

平成 2 (1990) 年度税制改正のポイントとしては、次の三点が挙げられる。

第一に、純資産価額の計算方法と特定の評価会社の株式評価についての改正が行われた。純資産価額の計算方法については、評価会社が課税時期前 3 年以内に取得 (新築) した土地等・建物については課税時期における通常の取引価額により評価して純資産価額を計算することになった。つまり、土地等・建物を取得した場合には、取得価額を 3 年間変更しないことになったが、本改正の背景には、個人が相続開始前 3 年以内に取得した土地等は取得価額で評価しなければならないという旧租税特別措置法 69 条の 4 の存在があり、この規定に対応させるという事情が存在している。

第二に、特定の評価会社の株式の評価区分には、昭和 39 (1964) 年通達により設けられた開業前又は休業中の会社及び清算中の会社の 2 区分に加え、株式保有特定会社、土地保有特定会社、開業後 3 年未満の会社、及び 2 要素以上ゼロの会社が新たに設けられた。このうち、株式保有特定会社とは、株式価額の割合が総資産価額中の 25% 以上の会社のことであり (但し、中会社及び小会社

においては 50％以上の会社が該当する)、土地保有特定会社とは、小会社を除外して土地等の価額の割合が総資産価額中の 70％以上の会社のことであり (但し、中会社は 90％以上の会社が該当する)、そして、開業後 3 年未満の会社等の株式とは、開業後 3 年未満の会社又は類似業種比準価額の比準要素の金額の 2 要素以上が直前期、直々前期においてゼロの会社のことである、

(3) 平成 6 年度税制改正

平成 6 (1994) 年度税制改正のポイントとしては、次の四点が挙げられる。

第一に、図表 2-8 に示すような会社規模の判定基準の改正が行われた。従前の資本金 1 億円の基準に代えて従業員 100 人以上の会社を大会社とする改正が行われ、さらに総資産価額基準にも従業員数の規模が付加された。改正前における大会社の規定においては、公開可能な会社であることという要件が付随していたが、本改正によりこの要請は消除された。

第二に、中会社が 2 区分から 3 区分に細分化されて折衷割合が引き上げられ

【図表 2-8】 会社規模の判定基準

規模の区分	大会社		中会社		小会社	
区分の内容	従業員数 100 人以上の会社又は下記のいずれか一に該当する会社		従業員数 100 人未満の会社で下記のいずれか一に該当する会社		従業員 100 人未満の会社で下記のいずれにも該当する会社	
	卸売業	卸売業以外の業種	卸売業	卸売業以外の業種	卸売業	卸売業以外の業種
純資産価額 (帳簿価額によって計算した金額) 及び従業員数	20 億円以上 (従業員数 50 人以下の会社を除く)	10 億円以上 (従業員数 50 人以下の会社を除く)	8,000 万円以上 (従業員数 10 人以下の会社を除く)	5,000 万円以上 (従業員数 10 人以下の会社を除く)	8,000 万円未満又は従業員数 10 人以下	5,000 万円未満又は従業員数 10 人以下
直前期末以前 1 年間における取引金額	80 億円以上	20 億円以上	2 億円以上 80 億円未満	8,000 万円以上 20 億円未満	2 億円未満	8,000 万円未満

【図表 2-9】 小会社の土地保有割合

会社区分	小会社			
	卸売業		卸売業以外の業種	
区分の内容	総資産価額 20 億円以上	総資産価額 8,000 万円以上 20 億円未満	総資産価額 10 億円以上	総資産価額 5,000 万円以上 10 億円未満
土地保有割合	70% 以上	90% 以上	70% 以上	90% 以上

た。例えば、改正前の折衷割合は、大会社（0.75）及び小会社（0.50）であったが、改正後の折衷割合は、大会社（0.90）、中会社（0.75）、及び小会社（0.60）に変更された。

　第三に、過剰な節税対策に対応し現物出資よりも著しく低額で受け入れた取引相場のない株式等が存在する場合には、純資産価額方式における評価差額に対応する法人税等相当額控除の不適用が導入されることになった。

　第四に、土地保有特定会社の対象範囲の改正が行われ、従来の会社規模の判定基準における判定要素に従業員数が追加されて、図表 2-9 に示すように、小会社も土地保有特定会社に付加された。

(4) 平成 12 年度税制改正

　平成 12（2000）年度税制改正のポイントとしては、次の五点が挙げられる。

　第一に、図表 2-5 に示すように、類似比準価額方式における計算方式の改正が行われた。改正後は、比準要素のうちの利益金額を 3 倍とすることにより収益性の比重を重くした。また、評価の安全性を保証する斟酌率の割合を従来の一律 0.7 から中会社（0.6）及び小会社（0.5）と変更することにより会社の事業規模を配慮した数値に変更した。

　第二に、個人企業の実態に配慮して小会社の従業員数基準が従来の 10 人以下から 5 人以下に改正された。本改正は、個人事業主が法人成りにより事業化

することも多いため実状に即した改正点である。

　第三に、比準要素数1の会社の株式評価方法が改正された。従来、比準要素数2以上ゼロの会社の株式の価額は、純資産価額方式により評価するとされていたが、直前期末を基準として計算した場合に比準要素のすべてがゼロとなる会社を除いて、類似業種比準価額の適用割合を0.25（25%）と設定して純資産価額と類似業種比準価額の併用が容認された。

　第四に、株式交換又は株式移転により著しく低額で受け入れた株式が存在する場合、評価差額に対する法人税等相当額は純資産価額の計算において控除しないことにされた。

　第五に、評価会社が自己株式を保有する場合には、評価区分の判定及び純資産価額の計算において発行済株式総数から除外し、さらに保有株式から除外することになった。

(5) 平成16年度税制改正

　平成16（2004）年度税制改正のポイントとしては、次の四点が挙げられる。

　第一に、同族株主の判定基準が従来の筆頭株主グループ（本人・6親等内血族・配偶者・3親等内姻族・その他特殊関係にある個人及び法人）の持株割合から議決権割合に変更になった。

　第二に、特殊事業用資産に該当する取引相場のない株式等について一定要件を満たす場合（相続開始直前に被相続人及び特別関係者が当該会社の発行済株式等総数の50%超を保有し、発行済株式等総数に相続開始時点における一株当たりの時価を乗じた金額が20億円未満であること等を要件とする）には、平成16（2004）年1月1日以後の相続又は遺贈から10億円を限度として発行済株式総数の3分の2以下の部分について課税価格計算において10%を減額できることになった。

　第三に、平成16（2004）年1月1日以後に取引相場のない株式等を譲渡する

ことにより売却益が生じた場合には、所得税及び住民税が従来の26%から20%に軽減された。

　第四に、平成16（2004）年4月1日以後に開始した相続から相続財産に係る取引相場のない株式等を相続発生後3年10ヵ月以内に非上場事業形態の当該株式発行会社に対して譲渡し、一定要件（相続又は遺贈による取引相場のない株式等を含めた財産の取得に対して相続税を有していること等）を満たした場合には、みなし配当課税は行われずに譲渡所得課税が適用されることになった。

(6) 平成18年度税制改正

　平成18（2006）年度税制改正においては、「非上場会社の事業承継の円滑化に資する税制の整備」を目的として、取引相場の株式等の物納許可基準が明確になり物納手続きについて緩和された。つまり、譲渡に関して定款に制限が設けられている等の物納不適格要件に該当しなければ、物納が容認されることになったのである。ただし、取引相場の株式等を物納する場合には、課税庁の要請に応じて有価証券届出書及び目論見書又は有価証券通知書を提出する旨の確約書と、評価資料を提出する旨の確約書の添付が必要要件となる。

　しかし、この取引相場の株式等を用いた物納は、納税資金の調達面における利便性を事業承継者である納税者に与える利点を有する反面、物納申請手続が申請書の提出後の審査にかなりの期間を要するため、物納申請が却下された際に延滞税が課税され納税者である事業承継者に対して不利益を生じさせる可能性も有している。

(7) 平成20年度税制改正

　平成20（2008）年度税制改正では、「取引相場のない株式における営業権の評価」が改正された。すなわち、平成20（2008）年度税制改正では、図表2-10に示すように、取引相場のない株式等における営業権の評価が改正され、

【図表 2-10】 営業権評価の計算式

超過利益金額 =｛平均利益金額×0.5 − 標準企業者報酬額 − 総資産価額×基準年利率｝
　　　　　　　×営業権の持続年数（原則 10 年）に応ずる基準年利率による複利年金現価率

● 標準企業者報酬額の改正

利益金額	標準企業者報酬額
5,000 万円	850 万円（17%）
1 億円	1,000 万円（10%）
5 億円	5,000 万円（10%）

引き上げ⇨

利益金額	標準企業者報酬額
5,000 万円	2,500 万円（50%）
1 億円	4,000 万円（40%）
5 億円	1 億円（20%）

● 基準年利率の改正

基準年利率（国債の利回り）2%

引き上げ⇨

総資産利益率（利益÷総資産）5%

標準企業者報酬額が見直され、基準年利率が 5% に引き上げられた。

(8) 平成 22 年度税制改正

　平成 22（2010）年度税制改正では、純資産価額方式の計算において、図表 2-11 に示すように、平成 22（2010）年 10 月 1 日以後に解散した法人に対する清算所得課税が廃止され、本来の所得課税に移行されたことに伴い、法人税額相当額を算定する際に評価差額に乗じる割合が 42% から 45%（内訳／法人税

【図表 2-11】 国税庁方式による純資産価額方式の計算方法

1 株当たりの純資産価額 =｛(総資産評価額 − 負債の合計金額) − 評価差額に対する法人税額等相当額｝
　　　　　　　　　　　÷発行済株式総数
　※　評価差額に対する法人税額等相当額 = 評価差額（相続税評価額による純資産価額 − 帳簿価額による純資産価額）×45%

30%・事業税 5.3%・地方法人特別税 4.293%・道府県民税 1.5%・市区町村民税 3.69%）に改正された。

　従来、取引相場のない株式は、財産評価基本通達に基づき「類似比準価額方式」又は「純資産価額方式」によって評価し相続税及び贈与税が課税されるが、財産評価基本通達に基づく取引相場のない株式等の評価方法のことを「国税庁方式」と称する。

　そして、取引相場のない株式等は、財産評価基本通達第 179 項に拠れば、図表 2-12 に示すように、大会社、中会社、及び小会社によって純資産価額方式の評価方法が異なる。

　なお、法人税額相当額を算定する際に評価差額に乗じる割合は、昭和 49（1974）年 53%・昭和 56（1981）年 56%・昭和 59（1984）年 57%・昭和 62（1987）年 56%・平成元（1989）年 53%・平成 2（1990）年 51%・平成 10（1998）年 47%・平成 11（1999）年 42% と変化している。

【図表 2-12】　国税庁方式による純資産価額方式の計算方法

会社規模		支配株主の場合		非支配株主の場合
		原則	選択	
大会社		類似比準価額方式	純資産価額方式	配当還元方式
中会社	大	類似比準価額方式 90%＋純資産価額方式 10%	純資産価額方式	
	中	類似比準価額方式 75%＋純資産価額方式 25%	純資産価額方式	
	小	類似比準価額方式 60%＋純資産価額方式 40%	純資産価額方式	
小会社		純資産価額方式	類似比準価額方式 50%＋純資産価額方式 50%	

（出所）財団法人全国法人会総連合編著、「わが国と諸外国における事業承継税制の制度比較」（2007 年）、2 ページ参照。

【図表 2-13】 特例を受けるための要件

(1) 会社の主な要件
　イ　経済産業大臣の認定を受けた中小企業者であること
　ロ　常時使用する従業員数が1人以上（一定の外国会社株式等を保有している場合には5人以上）であること
　ハ　資産保有型会社又は資産運用型会社で一定のものに該当しないこと
　ニ　この会社の株式等及び特別関係会社（注）のうちこの会社と密接な関係がある一定の会社（以下「特定特別関係会社」といいます。（注））が非上場会社であること
　　　（注）「特別関係会社」とは、この会社と租税特別措置法施行令第40条の8第6項で定める特別の関係のある会社をいいます。
　ホ　この会社及び特定特別関係会社が風俗営業会社ではないこと
　ヘ　この会社の特定特別関係会社が中小企業者であること
　ト　贈与の日の属する事業年度の直前の事業年度（贈与の日が事業年度の末日である場合には、その事業年度及びその直前の事業年度）の総収入金額が零ではないこと
　チ　経営承継受贈者以外の者が会社法第108条第1項第8号に規定する種類の株式（拒否権付き株式）を有していないこと
　リ　贈与の日前3年以内に受けた現物出資等資産の割合が総資産の70%未満であること
(2) 先代経営者である贈与者の主な要件
　イ　贈与前のいずれかの日において会社の代表権（制限が加えられた代表権を除きます。）を有していたことがあること
　ロ　贈与の時までに会社の役員を退任すること
　ハ　贈与直前において、先代経営者及び先代経営者と特別の関係がある者（先代経営者の親族など一定の者）で総議決権数の50%超の議決権数を保有し、かつ、経営承継受贈者を除いたこれらの者の中で最も多くの議決権数を保有していたこと
(3) 経営承継受贈者の主な要件
　　贈与の時において、次の要件を満たす必要があります。
　イ　先代経営者の親族であること
　ロ　20歳以上であること
　ハ　代表権を有していること
　ニ　受贈者及び受贈者と特別の関係がある者（受贈者の親族など一定の者）で総議決権数の50%超の議決権数を保有し、かつ、これらの者の中で最も多くの議決権数を保有することとなること
　ホ　贈与税の申告期限まで特例の適用を受ける非上場株式等の全てを保有していること
　ヘ　役員等に就任して3年以上経過していること

(出所) 国税庁ホームページ（https://www.nta.go.jp/taxanswer/zoyo/4439.htm）

(9) 平成 27 年度税制改正

　平成 27（2015）年度税制改正では、「取引相場のない株式についての贈与税等の納税猶予及び免除の改正」が行われた。つまり、「後継者である受贈者（「経営承継受贈者」という）が、贈与により、経済産業大臣の認定を受ける非上場会社の株式等を先代経営者である贈与者から全部又は一定数以上取得し、その会社を経営していく場合には、その経営承継受贈者が納付すべき贈与税のうち、その非上場株式等（一定の部分に限る）に対応する贈与税の納税が猶予され（猶予される贈与税額を「非上場株式等納税猶予税額」、そして、この非上場株式等納税猶予税額は、先代経営者や経営承継受贈者が死亡した場合などにはその全部又は一部が免除される」[5]ことになったのである。

　また、この特例の適用を受けるためには、「中小企業における経営の承継の円滑化に関する法律」に基づき、会社が経済産業大臣の認定を受ける必要があり、そして、経済産業大臣の認定を受けるためには、原則的に、贈与の日の属する年の翌年の 1 月 15 日までにその申請を行う必要がある。

　なお、特例を受けるための要件は、図表 2-13 に示すような内容である。

第 2 節　取引相場のない株式に係わる特例における問題点

第 1 項　営業権の評価上の問題点

　平成 20（2008）年度税制改正では、「取引相場のない株式における営業権の評価」が改正されたが、営業権とは「のれん」のことである。営業権と「のれん」の関係については、「超過収益力の源泉又は財産的価値のある事実関係を『のれん』と称し、これを資産計上した場合、企業会計の慣行では『営業権』の科目で表示することになるため、『営業権』は、『のれん』と同義語で用いられていると考えられる」[6]のである。

すなわち、営業権又は「のれん」は、「一種の無形固定資産であり、当該企業を構成する特有の名声、信用、得意先関係、仕入先関係、営業上の秘訣、経営組織が当該企業のもとで有機的に結合された結果、超過収益を生ずることができるに至る場合、その企業を構成する物または権利とは別個の財産的価値として評価を受ける事実関係をいい、これは既設の企業の活動中に創出されるばかりでなく、他企業を買収することによって得ることができるものである」[7]と説明される。

従来、のれんに関しては、超過収益説、無形資産説、及び差額説などの学説が存在している。しかし、のれんの本質が、超過収益の源泉であることについて異議を唱えるものは少ない[8]。例えば、Leake, P. D. は、「のれんの商業上の意義は、将来的に期待される超過利益の享受権の割引現在価値であり、この超過利益とは、将来の収益や利益が生産に付随するすべての費用を超過することが予測される金額のことである」[9]と述べる。

また、Paton and Littleton も、「ある企業の有する超過収益力が、特許権やフランチャイズ等の特定の独占権によって説明できない場合、その企業は、のれん又は総体的無形価値を有していることになり、そして、のれんの原価は、本質的には、推定超過収益力をその時の現価に割引した額である」[10]と説明する。

ただし、超過収益説には否定的見解も存在し、内川菊義博士は、「のれんは、現在一般的には、取得企業の貸借対照表上に資産の一項目として計上されているけれども、しかし、取得企業は、この『のれん』つまり『買入のれん』部分からは利益を取得することはできない」[11]と説明する。

現行の IFRS (International Financial Reporting Standards) では、資産負債中心観の下、貸借対照表上の資産は、将来の経済的便益（キャッシュ・フロー）をもたらす経済的資源として位置づけられており、その経済的資源と看做される「のれん」を公正価値によって把握することが基本となっている[12]。

【図表 2-14】 営業権評価の計算式

超過利益金額＝｛平均利益金額×0.5－標準企業者報酬額－総資産価額×基準年利率｝
　　　　　　×営業権の持続年数（原則10年）に応ずる基準年利率による複利年金現価率

●標準企業者報酬額の改正

利益金額	標準企業者報酬額
5,000万円	850万円（17%）
1億円	1,000万円（10%）
5億円	5,000万円（10%）

引き上げ⇨

利益金額	標準企業者報酬額
5,000万円	2,500万円（50%）
1億円	4,000万円（40%）
5億円	1億円（20%）

●基準年利率の改正

基準年利率（国債の利回り）2%

引き上げ⇨

総資産利益率（利益÷総資産）5%

　従来、取引相場のない株式等における営業権は、換金性の乏しい営業権を純資産価額方式の評価対象とすることについて批判されていたが、平成20（2008）年度税制改正において、図表2-14に示すように、取引相場のない株式等における営業権の評価が改正され、標準企業者報酬額が見直され、基準年利率が5%に引き上げられたため営業権の評価額が大幅に減少し納税者有利に改正されたことに伴い、この問題点については緩和されたといえる。

第2項　法人税額相当額の評価上の問題点

　取引相場のない株式の評価では、法人税額等相当額が容認された場合と容認されなかった場合とで、取引相場のない株式の評価に大きな差異が生じる。例えば、図表2-15に示すように、土地等を時価で譲渡した場合には、簿価（¥10,000）と時価（¥60,000）が異なるため評価差額（¥50,000）が生じ、この評価差額に対して、仮に45%を乗じた法人税額等相当額（¥22,500）控除の有無によって評価額が変動することになり、ファミリービジネスの事業承継に対

【図表2-15】　法人税額等相当額の算定

譲渡前貸借対照表

現金預金 ¥10,000	借入金 ¥10,000
簿価　土地等 ¥10,000	資本金 ¥10,000

土地価額の上昇 ⇒

譲渡後貸借対照表

現金預金 ¥10,000	借入金 ¥10,000
時価　土地等 ¥60,000	資本金 ¥10,000
	法人税額等相当額（評価差額×45％）

して多大な影響を与えることになる。

　また、取引相場のない株式の評価において法人税額等相当額を控除するのは、「会社が保有している資産に係る評価益について、個人が直接保有している場合と間接保有している場合の評価のバランスを図るとの観点から行われる」[13]のである。つまり、取引相場のない株式等の評価において法人税額等相当額を控除するのは、株式の保有によって間接的に財産を保有する者と財産を直接的に保有できる者とを、同一の条件下に置くための斟酌といえる[14]。

　そして、取引相場のない株式の評価において、事業承継の円滑化を図ることも重要なことであるが、本来、企業買収における最終的な譲渡金額は、企業の解散時の清算価値を対象とするのではなく、企業の継続性が生み出す将来的価値に求められるべき性格のものである。そのため、株式評価において法人税額等相当額を控除することは、「あくまでも財産評価基本通達とそれを援用する法人税基本通達の制定・改正という制度的な問題であり、課税実務上、買収対象企業の算定金額の決定時に財産評価基本通達を法人税実務に援用する時点において、株式評価の純資産価額方式における法人税額等相当額を控除することがどの程度定着したか否かが問題になるといえる」[15]のである。むしろ、評価対象会社が将来生み出す収益性を重視するのであれば、取引相場のない株式等の評価においてはDCF方式が適している。

DCF方式とは、評価対象会社の継続を前提として、評価対象会社が将来獲得することが期待される経済的利益やフリー・キャッシュ・フローを一定の割引率で割り引いた現在価値に基づいて価額を算定する評価方法のことである[16]。

　ところで、東京高裁平成14（2002）年1月30日判決は、「民法上の相続を発生起因とする中小企業の事業承継時に、取引相場のない株式の評価をできるだけ緩く評価する方法を採ることによって、事業承継の円滑化を図るという政策的な配慮が働き、そのため、純資産価額の算定にあたって法人税額等相当額を控除する結果に至った」と、純資産価額方式における法人税額相当額の控除の背景について説明する。

　一方、東京高裁平成15（2003）年3月25日判決は、「純資産価額の算定にあたって法人税額等相当額を控除することは、相続すべき資産の評価減に繋がり、結果として相続税の租税回避行為である『特別の事情』に該当することになり、課税の公平性の見地から法人税額等相当額の控除は容認できない」と判示する。

第3項　負債性引当金の評価上の問題点

　企業会計上、負債性引当金は、企業会計原則注解18に記載されるが、賞与引当金及び退職給与引当金等の負債性引当金は、「従業員より提供を受けた労働用役そのものが、当期においてすでに消費され費用として発生したそれに対する対価としての賃金の一部として、次期の所定の日あるいは数年もしくは数10年後の退職時に支払われるものであるから引当金としてとらえるよりも、むしろ未払費用もしくは未払金としてとらえるべき性格のものである」[17]と考えられる。つまり、賞与引当金及び退職給与引当金を「未払金」及び「未払費用」として認識したならば、1株当たりの純資産価額の算定において総資産評価額から負債の合計額を控除すべきである。

一方、税法では、相続税法第14条において、負債性引当金を「前条の規定によりその金額を控除すべき債務は、確実と認められるものに限る」と規定し、金額又は決算期日の確定していない債務である負債性引当金の計上を容認しない。そして、財産評価基本通達第186条は、「前項の課税時期における一株当たりの純資産価額（相続税評価額によって計算した金額）の計算を行う場合には、貸倒引当金、退職給与引当金（平成14年改正法人税法附則第8条《退職給与引当金に関する経過措置》第二項及び第三項の適用後の退職給与引当金勘定の金額に相当する金額を除く。）、納税引当金をその他の引当金及び準備金に相当する金額は負債に含まれないものとし、次に掲げる金額は負債に含まれることに留意する」と規定しており、将来的に発生する可能性が高い賞与引当金についても相続税法上の債務として取り扱うことを容認しないのである。しかし、連結納税制度に伴う減収に対応する税源措置としてなされた法人税法上の損金算入限度額の引き下げの影響が、相続税法上の取引相場のない株式等の評価にまで波及するという理不尽について問題点を指摘することができる[18]。そのため、「近い将来発生する蓋然性の高い負債性引当金については、法人税法の規定いかんにかかわらず、相続税の純資産価額方式で評価負債として認めるべきである」[19]と提案したい。

注
(1) 桜井久勝稿「残余利益モデルによる株式評価―非上場株式への適用をめぐって―」『税大論叢40周年記念論文集』2008年、177ページ。
(2) 髙沢修一稿「非上場会社の資産評価に関する一考察 ―財産税務会計からのアプローチ―」『會計』（第168巻第6号、2005年）108-109ページ。
(3) 垂井秀夫著『自己株式取引と課税』（財経詳報社、2004年）182ページ。
(4) 同上 182ページ。
(5) 国税庁ホームページ（https://www.nta.go.jp/taxanswer/zoyo/4439.htm）参照。
(6) 吉永栄助・飯野利夫監修『会社の計算 上巻』（商事法務研究会）1974年、222ページ。

(7) 桜井四郎稿「法人税法における営業権の意識等」『税大論叢第11号』1977年、355ページ。
(8) 黒川行治稿「企業結合に関するのれんの会計の論点」『會計』(第165巻第5号、2004年)、45ページ。
(9) Leake, P. D (1914), It's Nature and How to Value it. *The Accountant*, January 17, pp 81-90.
(10) Paton, W. A. and Littleton, A. C, *An Introduction to Corporate Accounting Standards*, AAA.：中島省吾訳、『会社会計基準序説 改訳版』(森山書店、1974) 152-153ページ。
(11) 内川菊義稿「のれん、負ののれん、そして合併差益」『會計』(第178巻第6号、2010年) 45ページ。
(12) 梅原秀継稿「のれん会計の動向とその影響—公正価値測定の拡張をめぐって—」『會計』(第180巻第3号、2011年) に詳しい。
(13) 中小企業庁編著「経営承継法における非上場株式等評価ガイドライン」(2009年)、22ページ。
(14) 国税庁資産評価企画官編著『財産評価の実務—相続税・贈与税・地価税における財産評価—』(ぎょうせい、1994年)、274ページ。
(15) 細川 健・藤田 章稿「現物出資と第三者割当ての税務」『税務弘報』(2008年7月号)、165-166ページ。
(16) 前掲「経営承継法における非上場株式等評価ガイドライン」、9ページ。
(17) 内川菊義博士は、昭和49 (1974) 年の注解 [18] の旧規定の下で例示されている7項目の引当金のうち、売上割戻引当金、景品費引当金、賞与引当金及び退職給引当金の4項目は、未払金または未払費用に属し、また、製品保証引当金、返品調整引当金及び工事補償引当金の3項目は負債ではない資本に属する項目であると説明する。(出所) 内川菊義著『引当金会計の基礎理論』(森山書店、1998年) 207-208ページ。
(18) 日本公認会計士協会編著「中小企業の事業承継税制の論点整理と諸問題の検討」(租税調査会研究報告第19号、2009年)、31ページ。
(19) 同上 30ページ。

第3章
非上場ファミリービジネスの土地評価

第1節 小規模宅地等についての相続税の課税価格の計算の特例の意義と税制改正

第1項 小規模宅地等についての相続税の課税価格の計算の特例の意義

　事業承継税制は、非上場・中小のファミリービジネスの企業経営者（個人事業主を含む）の円滑な事業承継を目的として、「取引相場のない株式等に係る特例」と、「小規模宅地等についての相続税の課税価格の計算の特例」を主柱とする。そのため、税制改正では、「小規模宅地等についての相続税の課税価格の計算の特例」が度々取り上げられている。

　小規模宅地等についての相続税の課税価格の計算の特例では、実際に相続人が事業を承継していない場合でも、被相続人が事業の用に供していた宅地等に対して減額を容認することに対して批判的な見解も存在するが、平成22（2010）年度税制改正では、相続開始の直前と申告期限の2つの時点の状況により適用要件の判定を行うことに改められ、そして、相続税の申告期限まで継続して要件を満たさない非継続の場合には減額対象から除外されることになった。

　また、小規模宅地等についての相続税の課税価格の計算の特例では、事業承継時における相続税額準備の困難さへの対応策として画一的な評価方法が採用

されているが、業種、業態、事業規模、及び保有資産の区別なく一定面積及び一定割合の減額措置がとられていることに対する説明が不十分であり合理性を欠いていると批判される。例えば、相続税は超過累進税率に基づき段階的に課税されるのであるから、同様に、課税対象となる資産評価においても段階的評価減の採用が検討されるべきである。そのため、現行の事業承継税制は、「画一的な相続税制を前提にして課税価格の計算において部分的な配慮を行うものにすぎない。評価制度も含めて、相続の態様に応ずる課税の仕組みが類型的に区別して構築される必要がある」[1]と批判されているのである。

既述のように、小規模宅地等についての相続税の課税価格の計算の特例では、未解決の問題点も存在しているが、土地の高騰がもたらす相続税の増額を防ぐ役割を果たした点において、「小規模宅地等についての相続税の課税価格の計算の特例」が果たした役割は高く評価されるべきである。

第2項　小規模宅地等についての相続税の課税価格の計算の特例の変遷

(1) 昭和58年度税制改正

わが国は、田中角栄内閣の日本列島改造論に基づく政策提言を受け、昭和40（1960）年代後半に土地開発ブームに沸き、未曽有の地価の上昇を経験することになった。この地価の上昇は、相続税の納税額の負担増に繋がり、非上場・中小のファミリービジネスの企業経営者（個人事業主を含む）の事業承継にも多大な影響を与えることになる。

政府は、その対応策として、昭和50（1975）年に、「事業又は居住の用に供されていた宅地の評価について」を通達した。この通達は、事業承継税制の先駆的存在といえるものであり、その後、昭和58（1983）年度の税制改正で、小規模宅地等についての相続税の課税価格の計算の特例が創設され、事業用宅地（適用対象面積200 m^2 以下・減額割合40%）、不動産貸付（適用対象面積200 m^2 以下・減額割合40%）、及び居住用宅地（適用対象面積200 m^2 以下・減額割合30%）

を対象として評価減が行われ、税制改正に伴い適用対象面積及び相続税減額率が次第に増加する。そして、小規模宅地等についての相続税の課税価格の計算の特例は、土地の高騰がもたらす相続税の増額を防ぐ役割を果たしたという点で高く評価できる。

(2) 昭和63年度税制改正から平成27年度税制改正

小規模宅地等についての相続税の課税価格の計算の特例は、図表3-1に示すように、次のような税制改正を経て漸次変更されてきた。

昭和63(1988)年度税制改正では、事業用宅地(適用対象面積200㎡以下・減額割合60%)、不動産貸付(適用対象面積200㎡以下・減額割合60%)、及び居住用宅地(適用対象面積200㎡以下・減額割合50%)の減額が認められ、平成4(1992)年度税制改正では、事業用宅地(適用対象面積200㎡以下・減額割合70%)、不動産貸付(適用対象面積200㎡以下・減額割合70%)、及び居住用宅地(適用対象面積200㎡以下・減額割合60%)の減額が認められ、平成6(1994)年度税制改正では、事業用宅地(適用対象面積200㎡以下・減額割合80%)、不動産貸付(適用対象面積200㎡以下・減額割合50%)、及び居住用宅地(適用対象面積200㎡以下・減額割合80%)の減額が認められ、平成11(1999)年度税制

【図表3-1】 小規模宅地等についての相続税の課税価格の計算の特例の推移

区分		昭和58年~	昭和63年~	平成4年~	平成6年~	平成11年~	平成13年~	平成27年~
事業用宅地	減額割合	40%	60%	70%	80%			
	適用対象面積	200㎡				330㎡	400㎡	
不動産貸付	減額割合	40%	60%	70%	50%			
	適用対象面積	200㎡						
居住用宅地	減額割合	30%	50%	60%	80%			
	適用対象面積	200㎡					240㎡	330㎡

(出所)国税庁ホームページ

改正では、事業用宅地（適用対象面積 330 m² 以下・減額割合 80%）、不動産貸付（適用対象面積 200 m² 以下・減額割合 50%）、及び居住用宅地（適用対象面積 200 m² 以下・減額割合 80%）の減額が認められ、平成 13（2001）年度税制改正では、事業用宅地（適用対象面積 400 m² 以下・減額割合 80%）、不動産貸付（適用対象面積 200 m² 以下・減額割合 50%）、及び居住用宅地（適用対象面積 240 m² 以下・減額割合 80%）の減額が認められ、平成 27（2015）年度税制改正では、事業用宅地（適用対象面積 400 m² 以下・減額割合 80%）、不動産貸付（適用対象面積 200 m² 以下・減額割合 50%）、及び居住用宅地（適用対象面積 330 m² 以下・減額割合 80%）の減額が認められたのである。

(3) 平成 15 年度税制改正

平成 15（2003）年度税制改正では、贈与税と相続税の一体化を目的として生前贈与を前提とする「相続時精算課税制度」が創設された。この相続時精算課税制度とは、受贈者の意思により、通常の暦年課税贈与（基礎控除 110 万円）に代えて、65 歳以上の親から 20 歳以上の子へ 2,500 万円を無税で贈与できる（贈与時は 2,500 万円まで無税だが、2,500 万円以上は定率 20% での課税となる）制度のことであり、特定同族株式等の贈与につき相続時精算課税制度を適用する場合で一定の要件を充足する際には、500 万円の特別控除を加えた 3,000 万円まで無税で贈与することができるという規定である[(2)]。

この相続時精算課税制度は、「相続財産と合算する贈与財産の価額は、贈与時の時価である。したがって、贈与時以後の価値の増加は相続税の対象とならないから、この制度は、多少とも事業の生前贈与による事業承継の円滑化に役立つであろう」[(3)]と評されているが、「小規模宅地等についての相続税の課税価格の計算の特例」と「相続時精算課税制度」の併用は認められていない。この理由としては、「被相続人が個人として事業を営んだ場合と、法人成りして事業を営んでいた場合との税負担の公平を図ることを目的として、相続人が被相

続人から特定同族株式等の贈与を受け、相続時精算課税制度の適用を受けている場合には適用されない」[4]ということが挙げられる。そのため、事業承継者が相続時精算課税制度を選択した場合には、受贈年度の贈与税の申告時に、「小規模宅地等についての相続税の課税価格の計算の特例」の適用を受けることができず、そして、相続税の申告時の課税価額の計算でも「小規模宅地等についての相続税の課税価格の計算の特例」が適用されない。

(4) 平成22年度税制改正

平成22（2010）年度税制改正では、図表3-2に示すように「改正前は、相続開始直前の状況により適用要件の判定をし、相続税の申告期限までの継続要件を満たせば80%減額、満たさなければ50%減額とされていたが、改正後は、相続開始の直前と申告期限の2つの時点の状況により適用要件の判定をし、継続要件を満たさない場合は減額の対象とならず、継続している場合にのみ80%減額・50%減額とされる」[5]と規定された。

すなわち、平成22（2010）年度税制改正では、相続開始の直前と申告期限の2つの時点の状況により適用要件の判定を行い、事業非継続の場合に「小規模宅地等についての相続税の課税価格の計算の特例」から除かれることになったため、「小規模宅地等についての相続税の課税価格の計算の特例」を用いた事業承継対策に影響を与える可能性がある。

(5) 平成27年度税制改正

平成27（2015）年度税制改正の対象となった「相続した事業の用や居住の用の宅地等の特例（小規模宅地等についての相続税の課税価格の計算の特例）」とは、「個人が、相続又は遺贈により取得した財産のうち、その相続の開始の直前において被相続人等の事業の用に供されていた宅地等又は被相続人等の居住の用に供されていた宅地等のうち、一定の選択をしたもので限度面積までの

【図表 3-2】 平成 22 年度税制改正

○相続の開始の日が「平成 26 年 12 月 31 日まで」の場合

相続開始の直前における宅地等の利用区分				要件	限度面積	減額される割合
被相続人等の事業の用に供されていた宅地等	貸付事業以外の事業用の宅地等		①	特定事業用宅地等に該当する宅地等	400 m²	80%
	貸付事業用の宅地等	一定の法人に貸し付けられ、その法人の事業（貸付事業を除く）用の宅地等	②	特定同族会社事業用宅地等に該当する宅地等	400 m²	80%
			③	貸付事業用宅地等に該当する宅地等	200 m²	50%
		一定の法人に貸し付けられ、その法人の貸付事業用の宅地等	④	貸付事業用宅地等に該当する宅地等	200 m²	50%
		被相続人等の貸付事業用の宅地等	⑤	貸付事業用宅地等に該当する宅地等	200 m²	50%
被相続人等の居住の用に供されていた宅地等			⑥	特定居住用宅地等に該当する宅地等	240 m²	80%

(注)

1 「貸付事業」とは、「不動産貸付業」、「駐車場業」、「自転車駐車場業」及び事業と称するに至らない不動産の貸付けその他これに類する行為で相当の対価を得て継続的に行う「準事業」をいいます（以下同じです。）。
2 「一定の法人」とは、相続開始の直前において被相続人及び被相続人の親族等が法人の発行済株式の総数又は出資の総額の 50% 超を有している場合におけるその法人（相続税の申告期限において清算中の法人を除きます。）をいいます。
3 「限度面積」については、「特定事業用宅地等」、「特定同族会社事業用宅地等」、「特定居住用宅地等」及び「貸付事業用宅地等」のうちいずれか 2 以上についてこの特例の適用を受けようとする場合は、次の算式を満たす面積がそれぞれの宅地等の限度面積になります。
  $A + (B \times 5/3) + (C \times 2) \leq 400 \text{ m}^2$
    A：「特定事業用宅地等」、「特定同族会社事業用宅地等」の面積の合計（①＋②）
    B：「特定居住用宅地等」の面積の合計（⑥）
    C：「貸付事業用宅地等」の面積の合計（③＋④＋⑤）

○特定事業用宅地等の要件

区分		特例の適用要件
被相続人の事業の用に供されていた宅地等	事業承継要件	その宅地等の上で営まれていた被相続人の事業を相続税の申告期限までに引き継ぎ、かつ、その申告期限までその事業を営んでいること。
	保有継続要件	その宅地等を相続税の申告期限まで有していること。
被相続人と生計を一にしていた被相続人の親族の事業の用に供されていた宅地等	事業継続要件	相続開始の直前から相続税の申告期限まで、その宅地等の上で事業を営んでいること。
	保有継続要件	その宅地等を相続税の申告期限まで有していること。

(出所) 国税庁ホームページ (https://www.nta.go.jp/taxanswer/sozoku/4124.htm)

部分 (以下、「小規模宅地等」ととする)」については、相続税の課税価格に算入すべき価額の計算上、一定の割合を減額する」[6]という内容である。ただし、相続開始前3年以内に贈与により取得した宅地等や相続時精算課税制度に係る贈与により取得した宅地等については、この特例の適用を受けることはできない。

また、相続の開始のあった日が、平成26 (2014) 年12月31日までと、平成27 (2015) 年1月1日以後では、図表3-2に示すように限度面積が異なる。

第2節　小規模宅地等についての相続税の課税価格の計算の特例

小規模宅地等についての相続税の課税価格の計算の特例では、いくつかの問題点を挙げることができる。

第一に、小規模宅地等についての相続税の課税価格の計算の特例では、事業の継続期間を実務上の要請から相続開始後10ヶ月間という短期間に設定していることに問題点を指摘することができる。

第二に、小規模宅地等についての相続税の課税価格の計算の特例では、実際に相続人が事業を承継しない場合においても、被相続人が事業の用に供していた宅地等に対して50％の減額を容認しており、また、事業用以外のケースである居住用においても評価減を容認していることに対して問題点を指摘することができる[7]。

　第三に、小規模宅地等についての相続税の課税価格の計算の特例では、限度面積が400 m^2 に設定されているが、固定資産税の軽減特例では、小規模住宅用地の限度面積が200 m^2 に設定されおり、同じく土地等を対象とした税制であるにもかかわらず整合性の面で問題点を指摘できる。

　第四に、小規模宅地等についての相続税の課税価格の計算の特例では、特定事業用宅地等について宅地等の限度面積が一律400 m^2 に設定されるが、事業業種、事業内容、及び事業規模に対する配慮をすることなく限度面積を一定化することに対して問題点を指摘できる。

　しかし、小規模宅地等についての相続税の課税価格の計算の特例を巡る問題点については、平成22（2010）年度の税制改正で解決されたものもある。例えば、第二の問題点については、平成22（2010）年度の税制改正で、相続開始の直前と申告期限の2つの時点の状況により適用要件の判定を行うことになったため、相続税の申告期限まで継続して要件を満たさない非継続の場合には減額対象から除外されることになった。ただし、第四の問題点については、税制改正後も残されたままである。この他、小規模宅地等についての相続税の課税価格の計算の特例を巡る第一の問題点及び第三の問題点については、相続税法及び固定資産税法との関係もあり未解決の状態である。

注
(1)　北野弘久著『現代企業税法論』（岩波書店、1994年）385ページ。
(2)　日本公認会計士協会編著「中小企業の事業承継税制の論点整理と諸問題の検討—新たな事業承継税制の創設を受けて—」（租税調査会研究報告第19号、2009年）、64ペー

ジに詳しい。
(3) 金子　宏著『租税法〔第13版〕』（弘文堂、2008年）474ページ。
(4) 同上　463ページ。
(5) 税理士法人UAP編著、「UAPレポート・平成22年度税制改正」（u-ap.com/report/・・・/vol54-2/）参照。
(6) 国税庁ホームページ（https://www.nta.go.jp/taxanswer/sozoku/4124.htm）に詳しい。
(7) 小池正明稿「相続税制の再検討-現行相続税制の実務上の問題点」日本租税理論学会編著、租税理論研究叢書13、（法律文化社、2003年）86ページ。

第4章
ファミリービジネスの信託活用

第1節　後継ぎ遺贈型の受益者連続型信託の可能性

　平成19（2007）年3月末現在、信託制度にもとづく信託財産総額は、743.9兆円となり大幅な増加傾向を示している[1]。信託制度とは、委託者が信託契約や遺言等の信託行為によってその所有する財産を信託銀行等の第三者である受託者に移転し、受託者は委託者の指定した受益者のために委託者の設定した信託目的や運用方法にしたがって信託財産を管理・処分する制度のことである[2]。

　信託法は、大正11（1922）年に制定されて以来、80数年間実質的な改正が行われてこなかったが、平成18（2006）年12月15日、信託法の改正案が可決成立し、同年12月15日に公布されたが、この改正案はファミリービジネスの承継において信託制度を活用できる可能性を拡大させた。例えば、旧法においては存在していなかった「後継ぎ遺贈型の受益者連続型信託」が改正信託法第91条により容認されることになったが、後継ぎ遺贈型の受益者連続型信託とは、委託者が受益者の承継の順位を自らの意思により定めることができる制度のことである。つまり、委託者は、第一受益者、第二受益者、及び第三受益者というように連続して複数の受益者との間で信託契約を締結することができるため、事業承継者（受益者）の順位を事前に選定することができるという事業承継上の利点を有する。

しかし、後継ぎ遺贈型の受益者連続型信託には問題点も指摘されている。例えば、受益者連続型信託を用いた場合と負担付遺贈の場合とでは、同様の経済的効果を期待することができるのにもかかわらず、前者における相続税の納税負担が2回であるのに対して、後者における相続税の納税負担が1回であるというように課税上の権衡が保たれていないのである。

また、後継ぎ遺贈型の受益者連続型信託において、民法上の遺留分減殺請求権が請求された場合には、受益者の取得した権利が不確定な存続期間を前提としているため、遺留分における権利評価額の算定が容易ではないという問題点も有する。しかし、欧米では後継ぎ遺贈型の受益者連続型信託が既にファミリービジネスの承継の手法の一つとして活用されており、今後、わが国のファミリービジネスの承継においても活用される可能性を有する。

第2節 後継ぎ遺贈型の受益者連続型信託の課税方法と課税上の問題点

第1項 後継ぎ遺贈型の受益者連続型信託の課税方法

信託法上、委託者の遺言により、第一次受益者及び第二次受益者との間で後継ぎ遺贈型の受益者連続型信託が締結された場合、第一次受益者と第二次受益者の両者は、委託者から遺贈により権利を取得したとみなされ信託受益権として評価され相続税が課税される。信託受益権の評価は、財産評価基本通達202に拠れば、「元本と収益との受益者が同一である場合においては、この通達に定めるところによって評価する」と規定され、不動産や有価証券等の信託財産別に資産評価し課税されることになる。

すなわち、後継ぎ遺贈型の受益者連続型信託とは、図表4-1に示すように、ある受益者の死亡により、当該受益者の有する受益権が消滅し、次の順位にあ

【図表4-1】 受益者連続型信託の仕組み

委託権者兼当初受益者 A （事業経営者等）	受益権 ⇒ ①相続税発生	第一次受益者 B （配偶者又は長男等）	受益権 ⇒ ②相続税発生	第二次受益者 C （次男又は孫等）

信託行為　↓↑　受益権

受託者
（信託銀行等）

る他の受益者が受益権を取得する旨の定めのある信託のことである。

ただし、この信託には要件が存在し、「信託が設定された時から30年を経過した時以降に、現に存する受益者が信託行為の定めにより受益権を取得した場合に、その受益者が死亡するまで、又はその受益権が消滅するまで効力を有する」と規定されている。

例えば、信託法上、委託者（A）の遺言により、第一次受益者（B）及び第二次受益者（C）との間で、後継ぎ遺贈型の受益者連続型信託を締結した場合には、BとCはAからの遺贈により権利を取得したとみなされ、委託者からの受益者への遺贈という構図になる。

しかし、税法上は、平成19（2007）年度の税制改正に伴い相続税法の第9条の2の第2項において、「受益者等の存する信託について、適正な対価を負担せずに新たにその信託の受益者等が存するに至った場合には、その受益者等が存するに至った時において、その信託の受益者等となる者は、その信託に関する権利をその信託の受益者等であった者から贈与（又は遺贈）により取得したものとみなす」と規定した。また、同法第9条の3では、後継ぎ遺贈型の受益者連続型信託の特例を容認しており、「先行受益者に一旦、信託財産のすべてが移転したものとして相続税及び贈与税が課税され、先行受益者から後続受益者に財産が移転した場合には、再度、信託財産のすべてが移転したものとして相続税及び贈与税が課税されることになる」[3]と規定する。すなわち、平成19

(2007) 年度税制改正の相続税法に拠れば、図表 4-1 に示すように、B は A から遺贈されたものとみなされて相続税が課税され、そして、C は B から遺贈されたものとみなされて相続税が課税されるのである。

また、後継ぎ遺贈型の受益者連続型信託は、通常の相続税法上の課税方法と同様であると評されるが、負担付遺贈と比較した場合に課税上の問題点を指摘できる。負担付遺贈とは、民法第1002条の「負担付遺贈を受けた者は、遺贈の目的の価値を超えない限度においてのみ、負担した義務を履行する責任を負う」という規定を受けて、図表 4-2 に示すように「事業経営者が事業承継者である第二次受遺者（子等）に財産を遺贈して、第一次受遺者（配偶者等）に対する一定期間の給付を負担させるような方法のこと」である。

つまり、負担付遺贈とは、図表 4-2 に示すように、第二次受遺者（F）が遺贈者（D）から財産を遺贈されたものとみなされて相続税が課税されるが、その代替として一定期間にわたり第一次受遺者（E）の生活費等の給付負担を行った場合には相続税の課税は 1 回で済む。そして、負担付遺贈の際に課税される課税価格の計算は、相続開始の時に遺贈財産を取得したものと想定し、負担がないものとした場合における遺贈財産の価額からその負担が確実であると認められる範囲の金額を控除することにより算定される。

【図表 4-2】　負担付遺贈の仕組み

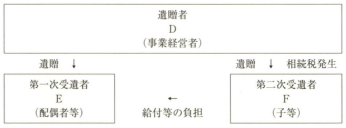

第2項　後継ぎ遺贈型の受益者連続型信託の課税上の問題点

　後継ぎ遺贈型の受益者連続型信託は、ファミリービジネスの承継手法として注目を浴びているにもかかわらず、現行の事業承継税制の範疇に受益者連続型信託に対する特例が含まれていない。それは、通商産業省（現経済産業省）及び中小企業庁が富岡幸雄博士（当時・中央大学商学部教授）を座長として、中小企業承継税制問題研究会を発足させた昭和55（1980）年の時点では、後継ぎ遺贈型の受益者連続型信託については構想外であったためである[4]。そのため、後継ぎ遺贈型の受益者連続型信託に対する税制上の整備を講じる必要がある。例えば、後継ぎ遺贈型の受益者連続型信託を用いた場合と負担付遺贈の場合とでは、同様の経済的効果を期待することができるにもかかわらず、既述のように、前者における相続税の納税負担が2回であるのに対して、後者における相続税の納税負担が1回であるというように課税上の権衡が保たれておらず、後継ぎ遺贈型の受益者連続型信託における課税上の問題点を指摘することができる。

　加えて、課税上の問題点とはいえないが、後継ぎ遺贈型の受益者連続型信託を活用した場合には、相続税の二割加算が適用される可能性がある。相続税法18①は、「相続又は遺贈により財産を取得した者が当該相続又は遺贈に係る被相続人の一親等の血族及び配偶者以外の者である場合においては、その者に係る相続税額は、前条の規定にかかわらず、同条の規定により算出した金額にその百分の二十に相当する金額を加算した金額とする」と規定する。例えば、第一次受益者を配偶者とし、第二次受益者を被相続人の兄弟姉妹とした場合の後継ぎ遺贈型の受益者連続型信託においては、相続税の二割加算が想定される。このため、事業承継において後継ぎ遺贈型の受益者連続型信託を用いるケースが限定されるのである。

第3節　後継ぎ遺贈型の受益者連続型信託を巡るその他の課題

第1項　遺留分減殺請求権と遺留分の算定

　従来、わが国には、後継ぎ遺贈型の受益者連続型信託が登場する以前から、第一次受遺者の受ける財産上の権利を第二次受遺者に対して移転するという遺贈形態である「後継ぎ遺贈」という方法が存在していたが、この後継ぎ遺贈に対しては、民法上の学説がわかれ争われていた[5]。しかし、欧米では、後継ぎ遺贈型の受益者連続型信託が既に広く活用されており、金融システムのグローバル化の観点からも、わが国においてもその導入を検討すべき時期を迎えているといえる。

　また、後継ぎ遺贈型の受益者連続型信託においては、前述の課税上の権衡を巡る問題点の他にも、民法上の遺留分を巡る問題の発生が予測できる。民法第1028条は、「兄弟姉妹以外の相続人は、遺留分として、①直系尊属のみが相続人である場合、被相続人の財産の三分の一、②前号に掲げる場合以外の場合、被相続人の財産の二分の一の割合に相当する額を受ける」ことができると規定する。例えば、受益者連続型信託において、委託権者である事業承継者が経営者としての資質を重視し、民法上の相続人たる者（子の一人）に対して受益者（特に、第一受益者）たる地位を与えなかった場合に、受益者以外の民法上の相続人から遺留分について問われる可能性を有する。

　すなわち、遺留分は、遺留分減殺請求権を前提としており、民法第1042条は、「減殺の請求権は、遺留分権利者が、相続の開始及び減殺すべき贈与又は遺贈があったことを知った時から1年間行使しないときは、時効によって消滅する。相続開始の時から10年を経過したときも、同様とする」と規定する。一方、受益者連続型信託は、最長30年間という存続期間を前提としている。

【図表4-3】 遺留分の評価額

（借方）	遺留分	（貸方）
相続開始時の所有財産価額	相続債務の金額	
贈与した財産価額	遺留分の評価額	

このため、受益者連続型信託においては、遺留分減殺請求権を、いつの時点で、どこの誰に対して請求すべきかという問題点が生じる。

また、遺留分の算定については、民法第1029条において、「遺留分は、被相続人が相続開始の時において有した財産の価額にその贈与した財産の価額を加えた額から債務の全額を控除して、これを算定する」と規定する。つまり、図表4-3に示すように、相続開始時の所有財産価額に贈与した財産価額を加算し、これらの遺贈財産から債務の金額を控除したものが遺留分の評価額となる。

第2項　遺留分に係る民法上の特例

自社株式等が、遺留分算定の際に生前贈与されていた場合には、民法第1029条に基づき相続開始時の財産価額で評価されるため、当該株式評価額が事業承継者の承継後の営業努力により、たとえ相続開始時よりも高い評価額となっても相続開始時の価額で評価されることになる。このため、生前贈与された自社株式等の価額が上昇すれば、それに伴い事業承継者以外の法定相続人の遺留分価額も増大することになり、事業承継上の弊害をもたらす可能性を有する。つまり、遺留分減殺請求権を、いつの時点でどこの誰に対して請求すべきかということが重要になる。

また、民法第1043条は、「相続の開始前における遺留分の放棄は、家庭裁判所の許可を受けたときに限り、その効力を生ずる」と規定し、事業承継者以外の共同相続人が遺留分を放棄することを容認するが、遺留分の放棄には家庭裁

判所の許可及び審判を必要とするため容易ではない。例えば、中小企業庁は、事業承継の円滑を図ることを目的として、「中小企業における経営の承継の円滑化に関する法律案」(以下、「円滑化法」とする) を、第169回通常国会に提出した。円滑化法は、平成20 (2008) 年5月9日の参議院本会議で可決され、同年5月16日公布され、そして同年10月1日から施行される。

　すなわち、中小企業庁は、既述の遺留分に関する問題点を解決するために、円滑化法を施行して民法上の特例を設けたのである。ただし、円滑化法を法的根拠とする民法上の特例は、(イ) 特例中小企業者の要件、(ロ) 旧代表者の要件、及び (ハ) 後継者の要件等を必須要件として求める。さらに、民法上の特例は、事業承継者の真意である合意を前提として経済産業大臣の承認を経て、そして、家庭裁判所の許可を要する等の繁多な手続きを必要とする。

　しかし、事業承継者は、民法上の特例をその拠りどころとして、「事業承継者が旧代表者 (先代の経営者) から贈与された株式を遺留分の算定上の基礎財産から除外する」ことができるのである。

第4節　アメリカ信託制度との比較と後継ぎ遺贈型の受益者連続型信託の評価

第1項　アメリカ信託制度との比較

　わが国の信託制度は、信託制度発祥の地と称されるイギリスから直接的に継受したものではなく、アメリカから継受しアメリカの信託制度に範を置いている。そのため、わが国の信託上の税制を考察するうえでは、アメリカの税制との比較検証が求められることになる。イェール大学のラングバイン (John H. Langbein) は、「受託者が信用受益者のために信用財産を管理して、運用方法等について財産の譲渡者と受託者との間で行われる取引」のことであると信託

制度について説明する[6]。

現在、アメリカの全州において信託に関する規定が設けられているが、アメリカにおける信託制度の利用の特色は、イギリスの信託制度が「封建的諸負担の回避や国王からの財産没収を回避する等『財産の保護』のために利用されたのに対し、『財産の形成』に変質したことに注目すべきである」[7]という点にある。アメリカでは、『財産の形成』の手法として、信託制度がファミリービジネスの承継の手段として活用されていると推測できるが、わが国の信託制度も『財産の形成』という面が強くアメリカとの類似性が窺えるのである。

しかし、アメリカにおいて事業承継税制は成立していない。ただし、これに替わる存在として経済復興税法（Economic Recovery Act of 1981）以来、16年振りの減税政策である1997年納税者救済法（Taxpayer Relief Act of 1997）があり、同法の規定では、一定要件を充たした者を対象として、事業用資産に関して130万ドルまでの非課税措置が講じられている。

この1997年納税者救済法の主要要件としては、「第一に、アメリカ国内で事業の用に供されている資産であり、第二に、相続前3年間は当該企業の株式等が市場において取引されておらず、第三に、相続人または被相続人の家族が相続前8年間のうち5年以上、当該事業に実質的に従事しており、また相続後10年間で継続8年間のうち5年間以上、当該事業に実質的に従事しており、第四に、被相続人の全資産の50％超（配偶者に移転されたものを除く）が、相続前10年以上雇用された家族に相続及び贈与されており、第五に、被相続人の死亡年における事業収入のうち、子会社等からの配当収入が35％を超えること」が挙られる[8]。

アメリカにおいて事業承継税制が成立していない事由としては、資産移転課税の対象者がわが国と異なるという点が挙げられる。例えば、アメリカでは、資産の移転者を納税義務者として、信託に対して資産移転税（贈与税・相続税・遺産税）が課税されるのに対し、わが国では、資産の取得者を納税義務者

として資産課税（相続税・贈与税）されているのである[9]。また、アメリカでは、わが国と異なり遺留分制度が存在していないため、ファミリービジネスの事業承継手法として受益者連続型信託が活用されたと推測できる。

第2項　後継ぎ遺贈型の受益者連続型信託の評価

　本章では、ファミリービジネスの事業承継における後継ぎ遺贈型の受益者連続信託の重要性について考察した。平成18（2006）年12月15日、信託法の改正案が可決成立し、同年12月15日に公布されたが、この改正案はファミリービジネスの承継において信託制度を活用できる可能性を拡大させた。例えば、旧法においては存在していなかった「後継ぎ遺贈型の受益者連続型信託」が改正信託法第91条により容認されることになったが、後継ぎ遺贈型の受益者連続型信託とは、委託者が受益者の承継の順位を自らの意思により定めることができる制度のことである。つまり、委託者は、第一受益者、第二受益者、及び第三受益者というように連続して複数の受益者との間で信託契約を締結することができるため、事業承継者（受益者）の順位を事前に選定することができるという事業承継上の利点を有する。

　しかし、後継ぎ遺贈型の受益者連続型信託には問題点も指摘されている。例えば、受益者連続型信託を用いた場合と負担付遺贈の場合とでは、同様の経済的効果を期待することができるのにもかかわらず、前者における相続税の納税負担が2回であるのに対して、後者における相続税の納税負担が1回であるというように課税上の権衡が保たれていないのである。

　つまり、後継ぎ遺贈型の受益者連続型信託は、事業経営者である委託者が事業承継者である受益者の順位選定を事前に特定することができるため事業承継上の利点を有する。しかし、事業承継において、「後継ぎ遺贈型の受益者連続型信託」を用いた場合と「負担付遺贈」の場合とでは、同様の経済的効果を期待することができるにもかかわらず、相続税の納税負担が後継ぎ遺贈型の受益

者連続型信託のケースでは2回であるのに対し、負担付遺贈のケースでは1回であるというように課税上の均衡が保たれないという問題点を有しており、この問題点が解決されなければ、実務的に用いることが難しい。

実務上、後継ぎ遺贈型の受益者連続型信託をファミリービジネスの承継において活用するためには、遺留分の問題点についても検討する必要がある。なぜならば、後継ぎ遺贈型の受益者連続型信託において遺留分減殺請求権が請求された場合、受益者の取得した権利が不確定な存続期間を前提としているため、遺留分における権利評価額の算定が難しいからである。

しかし、欧米では、後継ぎ遺贈型の受益者連続型信託がファミリービジネスの事業承継手法の一つとして活用されており、わが国においても有効な事業承継手法として認識するべきである。

注
(1) 信託財産総額は、平成16（2004）年3月末時点で492.3兆円であり、平成17（2005）年3月末時点で526兆円であり、平成18（2006）年3月末時点で652.8兆円と順次、増加の傾向を示している。
　　（出所）社団法人信託協会編「新しい信託法の概要」2007年10月、10ページ。
(2) 四宮和夫著『信託の研究』（有斐閣、1965年）・『新版信託法』（有斐閣、1989年）等に詳しい。
(3) 社団法人信託協会編「平成20年度税制改正に関する要望」2007年9月、15ページ。
(4) 富岡幸雄著『事業推進型承継税制への転換〜事業承継税制の推移と改革構想〜』（ぎょうせい、2001年）に詳しい。
(5) 稲垣明博稿、「いわゆる『後継ぎ遺贈』の効力」判例タイムズ662号40-48ページ及び高野竹三郎稿、「遺言の解釈」ジュリスト別冊99号220ページに詳しい。
(6) John H. Langbein (1995) The Contractarian Basisi of the Law of Trusts, *The Yale Law Journal*. に詳しい。
(7) 中野正信監修・日本信託銀行信託法研究会著『アメリカ信託法』（有信堂高文社、1993年）304ページ。
(8) 財団法人全国法人会総連合編「わが国と諸外国における事業承継税制の制度比較」(2007年5月) 12ページ。

(9) 大塚正民稿「アメリカ信託法の歴史的展開と現代的意義」大塚正民・樋口範雄編著、『現代アメリカ信託法』（有信堂高文社、2002年）32ページ。

第5章
ファミリービジネスの資産運用

第1節　BEPS問題と2つの租税競争

第1項　法人課税におけるタックス・ヘイブン問題

　一般的に、BEPS（Base Erosion and Profit Shifting）問題とは、「多国籍企業が税負担を軽減することを目的として税制の隙間や抜け穴を活用して行う節税対策に伴って生起する税源浸食と利益移転のこと」であるが、BEPS問題は、政府、個人、及び企業の三者間において、図表5-1に示すような問題点を発生させている。そのため、OECD（Organisation for Economic Co-operation and Development）は、BEPS問題として、（ⅰ）税収の減少、（ⅱ）税制に対する信頼の欠如、（ⅲ）公共投資に必要な財源の不足、（ⅳ）納税者の負担の増大、

【図表5-1】　BEPSの問題点

区分	問題点
政府	税収が減少し税制に対する信頼を揺るがすと共に、発展途上国では経済成長を促進する公共投資に必要な財源が減少することになる。
個人	国境を容易に越えられない納税者がより大きな割合の税負担を強いられることになる。
企業	競争上、税源浸食と利益移転を活用しない企業が、不利な立場に押しやられ、公平な競争が害されることになる。

（出所）OECD租税委員会議長　浅川雅嗣稿、「税制調査資料〔国際課税関係〕」（2013年）参照。

（ⅴ）不公平な競争の助長等を指摘している。

　また、平成28（2016）年、OECDは悪質なタックス・ヘイブン（Tax Heven）について、①国際組織が審査した税の透明性の評価を充足させている、②個人的な金融情報を定期的に交換する組織に参加している、③課税当局が協力する条約に参加しているという3つの基準を設け、3基準のうちで2つ以上の基準に合致していなければ、悪質なタックス・ヘイブンに該当するという見解を示した。さらに、OECDは、悪質なタックス・ヘイブンを活用している多国籍企業に対する課税のルールを設けることも検討しているのである。

　そして、BEPS問題の代表的な事例としては、多国籍企業によるタックス・ヘイブン（Tax Heven）を活用した法人税の租税回避行為が挙げられる[1]。

　租税競争とは、自国の経済発展を目的として、「国内産業の国際的な競争力を高めることにより国内資本の強化を図るか、または、外国資本の積極的な誘致により海外からの直接投資の増進を図ることを目的として、当該国内の租税負担を国際的水準よりも緩和させることである」[2]と説明される。例えば、アップル及びグーグルは、法人税率の低いアイルランド（12.5%）やルクセンブルク（22.47%）を経由して租税回避行為を行い、スターバックスも、スイス及びオランダとの間で利益操作することで英国での法人税納付額を抑えている。

　平成28（2016）年にパナマ文書が公表され、タックス・ヘイブン（Tax Heven）を活用した租税回避行為について告発が行われた。このパナマ文書とは、ジョン・ドウ（仮名）氏が、南ドイツ新聞社に告発したことに端を発し、その後、南ドイツ新聞社が国際調査報道ジャーナル連合（ICIJ）に協力依頼し、約400名の記者が約1年間かけて調査した資料のことである。つまり、パナマ文書は、「行き過ぎた租税競争が政治と倫理の視点から市民に不公平感を与えており、そして、各国首脳には道義的な責任がある」と指摘すると共に、「テロ行為への資金援助等の違法行為にも関与している危惧がある」と指摘し

【図表5-2】 ASEANの法人所得税率と日本の法人税率の推移
● ASEANの法人所得税率

国名	標準税率	備考
タイ	30.0%	パートナーシップは、一定の要件を充たせば、23%又は20%となる。
フィリピン	30.0%	教育機関及び病院等の特殊な事業では、軽減税率が採用されている。
インドネシア	25.0%	2010年以降、17.0%となっている。
ベトナム	25.0%	優先業種は、一定の要件を充たせば、20%又は10%となる。
マレーシア	25.0%	2009年度以降、25.5%となっている。
シンガポール	17.0%	2010年以降、17.0%となっている。

(出所) 税理士法人トーマツ編著、『アジア諸国の税法《第8版》』(中央経済社、2015年) を基に作成。

● 日本の法人税率

年	基本税率	中小法人の軽減税率《本則》(年800万円以下)
昭和56 (1981) 年	42.0%	30.0%
昭和59 (1984) 年	43.3%	31.0%
昭和62 (1987) 年	42.0%	30.0%
平成元 (1989) 年	40.0%	29.0%
平成2 (1990) 年	37.5%	28.0%
平成10 (1998) 年	34.5%	25.0%
平成11 (1999) 年	30.0%	22.0%
平成24 (2012) 年	25.5%	19.0%
平成27 (2015) 年	23.9%	

(注) 中小法人の軽減税率の特例 (年800万円以下) については、平成21 (2009) 年4月1日から平成24 (2012) 年3月31日の間に終了する各事業年度は18%であり、平成24 (2012) 年4月1日から平成29 (2017) 年3月31日の間に開始する各事業年度は15%である。
(出所) 財務省ホームページ「法人税率の推移」を基に作成。

ているのである[3]。

ところで、日本の法人税率は、図表5-2に示すように、平成24（2012）年の法人税率（基本税率）の改正までは、アジア諸国と比べてと高い数値を示していた。そのため、法人税率が低率であるアジアに活動の拠点を移す日本企業が増加したのである。

第2項　資産課税における新たな租税競争の生起

平成23（2011）年12月29日、民主党税制調査会は、"社会保障と税の一体改革"に伴い相続税の見直し案を了承した。つまり、この税制の抜本改正案は、相続税の税率及び基礎控除を見直し、富裕層を対象として相続税納税額の増額を図ることを目的としている。

しかし、国際的な資産課税の潮流は、わが国の相続税増税案と異なり減税傾向を示し、相続税率及び贈与税率が0%の国も多く、アメリカも相続税の税率を0%にすることを公表している[4]。そのため、資産家のなかには、事業承継対策の一環として資産の海外移転を図る者や海外移住を検討する者が増える可能性がある。

従来、租税競争は、タックス・ヘイブンに進出した法人が、海外で獲得した利益を日本国内に還流させないために生じる法人税法上の問題点として指摘されていたが、相続税法上の問題点が新たな租税競争として登場したのである。

すなわち、ファミリービジネスの経営者及び富裕層の資産家の事業承継対策は、グローバル化の様相を帯び相続税及び贈与税の納税額減少を図るために、図表5-3に示すような相続税率及び贈与税率が0%の国へ資産移転を図る者も出現し、「物的承継」の対象となる資産の対象も国内資産から国外資産へと広がりをみせている。

一方、日本の相続税は、諸外国の資産課税の動向とは逆行する動きを示しており、その結果、富裕層を呼び寄せることを目的として、相続税率及び贈与税

【図表 5-3】 日本国及び諸外国の相続税率

●日本国の相続税率

各取得分の金額	率（％）	控除額（万円）
1,000万円以下	10	—
3,000万円以下	15	50
5,000万円以下	20	200
1億円以下	30	700
2億円以下	40	1,700
3億円以下	45	2,700
6億円以下	50	4,200
6億円超	55	7,200

●日本国の贈与税率

基礎控除及び配偶者控除後の課税価格	率（％）	控除額（万円）
200万円以下	10	—
300万円以下	15	10
400万円以下	20	25
600万円以下	30	65
1,000万円以下	40	125
1,500万円以下	45	175
3,000万円以下	50	250
3,000万円超	55	400

●諸外国の相続税率

相続税率0％の国	アルゼンチン、イタリア、インドネシア、インド、エストニア、オーストラリア、カナダ、キプロス、コロンビア、シンガポール、スイス、スウェーデン、スロバキア、スロベニア、タイ、チェコ共和国、中華人民共和国（香港）、ベトナム、ポルトガル、マルタ、マレーシア、メキシコ、ラトビア、リトアニア、ロシア 他

●諸外国の贈与税率

贈与税率0％の国	アルゼンチン、オーストラリア、カナダ、シンガポール 他

（出所）Tax Relief 2001, *A Summary of Selected Provisions of the Economic Growth and Tax Relief Reconciliation Act of 2001*, The National Underwriter Company, 2001, p 66.

率を 0% とする国に対して資産の海外移転を図る者や海外移住を検討する者の増加が予測され、法人税における租税競争と同じように相続税においても租税競争の様相を帯び始めているのである。ファミリービジネス創業家が行った事業承継スキームの代表的な事例としては、「武富士事件」が挙げられる。武富士事件とは、武富士の創業者（以下、「甲」とする）が、香港に住所を有する「非居住者」である甲の長男（以下、「乙」とする）を受贈者として武富士の株式 1,569 万 8,800 株を譲渡した際に、課税庁が贈与税に係わる追徴課税を行ったことを起因として生じた訴訟事件のことである。この武富士事件は、第一審及び第二審を経て、最高裁まで争われたが、平成 23（2011）年 2 月 18 日に最高裁判所第二小法廷において武富士側の勝訴となり、約 2,000 億円（納税額約 1,600 億円・還付加算金約 400 億円）が還付されることになった。

　本件では、民法上の借用概念である「住所」の解釈適用が争点となった。つまり、住所判定の基準となる「生活の本拠」をどのように捉えるかが問題となったのである。なぜならば、相続発生時の住所地が日本にある場合には、国内及び国外を問わず取得した全ての財産が課税対象の範囲となるからである。本件において、最高裁は、現に香港での滞在日数が本件期間中の約 3 分の 2 に及んでいることを事由として、香港居宅に「生活の本拠」たる実体があることを否定することはできないと判じている。

　もちろん、この最高裁の判決に対しては、「生活の本拠地というからには、その者の生存・活動にとって不可欠・本質的な様々な物的、人的ないしそれらが組み合わさって形成される社会的諸要素が密接に結び付けられている場所でなければならず、それが単に時間的に長く滞在していた場所を意味しないことはいうまでもない」[5] という批判もある。

　その後、受贈者が日本国籍を有し、受贈者及び贈与者のいずれかが贈与前 5 年以内に国内に住所を有していたならば贈与税が課税されることに税制改正されたため、「武富士事件」のような事業承継スキームを用いることはできない。

第2節　国外金融資産の実態把握

第1項　日本人富裕層が有する国外資産の把握方法

　日本人富裕層の国外資産としては、不動産と金融資産が挙げられるが、前者には登記制度が存在するため国外資産の実態を把握することが容易であるのに対し、後者は課税庁がその実態を把握することが難しい。すなわち、「日本は、居住者に対する全世界所得課税を採用しており、居住者が外国口座を通じて得ている所得、外国事業体の背後に隠れて得ている所得につき、本来であれば申告すべきであるにもかかわらず、適切に申告がなされれていないことが大きな課題として指摘される」[6]のである。

　また、国外資産の把握においては、「所得と資産との間には、所得の蓄積により資産が形成されるとともに、資産の運用により所得が発生するという密接な関係があることから、国外資産の把握に当たっては、所得・資産の両面からのアプローチが効果的である」[7]と評されるため、本節では、所得税と相続税の両面から国外金融資産の実態把握について検証した。

　現在、国税庁が実施している国外金融資産の代表的な把握方法としては、「情報申告制度」、「質問検査権」、及び「情報交換制度」等が挙げられる。

　第一に、情報申告制度では、所得税法第232条に基づき2,000万円を超える所得を有する個人に対して、所有資産等の内容を記載した「財産債務明細書」の提出が義務付けられており、また、平成20（2008）年度税制改正では、金融機関に対して、200万円を超える海外への送金及び受金を義務付ける「国外送金等調査制度」が設けられた[8]。そして、平成24（2012）年度税制改正大綱では、「その年の12月31日時点において時価5,000万円を超える国外資産を有する個人に対して、翌年3月15日までに、国外資産の種類及び金額を記載し

た明細書による報告が義務づけられる」ことが検討された。この情報申告制度は、課税庁が国外金融資産から生じる所得を把握する方法としては、確実性・有効性の高い方法として評価されるが、一方で、国外送金後の国外金融口座の残高推移及び資産状況等を把握することができず、実態解明の大きな障害となっていると批判されるのである[9]。

第二に、質問検査権では、所得税法第234条1項3号に基づき税務職員が納税者又はその取引関係者等を対象として、当該者の保持する書類等の物件を検査することが認められている。しかし、質問検査権は、相手国の同意を得られない場合には、相手国の領域内において行使することができず、相手国の同意が得られた場合でも調査対象者の同意も必要とされ、さらに、日本の罰則規定が適用されないという問題点を有している[10]。

第三に、情報交換制度では、租税条約に基づき国外資産が所在する租税条約の締結国から情報を取得することが認められている。しかし、租税情報交換協定（Tax Information Exchange Agreement：TIEA）が締結されていない場合には、情報交換することができないという問題点を有している。

第2項　米国人富裕層が有する海外資産の把握方法

米国における米国人富裕層の国外資産に対する把握方法としては、2001年に導入された米国内国歳入庁（Internal Revenue Service）と適格仲介人（Qualified Intermediary：以下「QI」とする）の間の契約である「QIレジーム」が挙げられる。このQIレジームとは、Internal Revenue ServiceとQI契約を締結したQIに対して、源泉徴収義務及び報告義務を課す規制のことである。

このQIレジームの目的は、「①外国人・外国法人の投資家に租税条約上適切な源泉徴収税率を課すこと、②外国口座を通じて米国有価証券に投資する米国人を洗い出すことにある」[11]と説明される。そして、米国両議院税制委員会（Joint Committee on Taxation）は、「主要な多くの金融機関がQI契約を締結し

たことは、競争面において非適格仲介人（Non Qualified Intermediary）に対して不利益をもたらす結果を生み出すため、現行の QI が QI 契約を遵守するための重要なインセンティブを作り出しており、金融機関のコンプライアンスの確保においても大きな抑止力となっている」(12) と評価する。

しかしながら、米国では、QI 契約締結後も国外金融資産を対象とした租税回避行為が発生しており、代表的な事例として「UBS 事件」が挙げられる(13)。つまり、QI 契約を締結しているスイスの大手金融機関である UBS 銀行（Union Bank of Swizerland）は、顧客である米国人をスイス居住者に偽装させ、同顧客を名義人とする法人を相続税又は贈与税が 0% のスイス、香港、及びパナマ等に設立し、そして、当該法人の法人口座を USB 銀行に開設し QI 契約上の報告義務を逃れさせて顧客の拡大を図ったのである。

現在、既述の「UBS 事件」を受けて、QI レジームを制度的に強化した外国口座税務コンプライアンス法（Foreign Account Tax Compliance Act：以下、「FATCA」とする）が 2010 年に成立している。つまり、米国内国歳入法（Internal Revenue Code：以下、「IRC」とする）は、第 4 章において、「特定の外国口座に関する報告が必要となる税」（Taxes to Enforce Reporting on Certain Foreign Account：以下、「Chapter4」とする）を設けている。例えば、IRC Chapter4 に拠れば、①外国金融機関（Foreign Financial Institutions：以下「FFI」とする）に対して源泉徴収の対象となる支払いが行われた際に、FFI 及びその拡大関連会社の口座において、米国人口座を特定する確認手続きが行われると共に米国歳入庁（Internal Revenue Service：以下、「IRS」とする）への報告義務を負うなどの一定の要件が満たされなければ 30% の源泉徴収が行われることになり、そして、②その他の外国事業体（Non-Financial Foreign Entity：以下「NFFE」とする）に対して源泉徴収の対象となる支払いが行われた際に、NFFE に実質的米国人所有者がいないことを証明できず、又は実質的米国人所有者が存在するのにも関わらずその情報を開示することができなければ

30%の源泉徴収が行われることになる[14]。

　一連の米国税制の改正は、米国人富裕層が国外金融資産を用いて行う租税回避行為を防ぐことを目的とした画期的な試みであるが、一方で、外国金融機関の母国の国内法令等に抵触し、守秘義務や個人情報保護を定めた国内プライバシー関連法令に抵触する可能性や租税条約に違反する可能性が問題点として指摘されるのである[15]。

第3節　事業承継における租税競争問題の検討の意義

　本章では、ファミリービジネスの承継において生起している租税競争について考察した。

　租税競争は、国内資本の強化を目的として、国内産業の国際的な競争力を高めるように努めるか、又は、海外からの直接投資の増進を目的として、国内の法人税負担率を国際的水準よりも緩和させることにより生じる。そのため、本来、租税競争は、法人の租税回避行為という法人税法の視点から検討されるべき性格のものであるが、租税競争は、法人による法人税の租税回避行為だけでなく、富裕層が国外金融資産を活用して相続税の租税回避行為を図るという資産課税上の問題点も発生させている。なぜならば、事業承継における究極の節税手法は、相続税の納税額をゼロとすることであり、相続税が課税されない海外で納税することを目的として、相続税率及び贈与税率が0%の国へ移住する者も出現しているからである。

　つまり、ファミリービジネスの経営者及び富裕層の事業承継対策は、グローバル化の様相を帯び、「物的承継」の対象となる資産も国内資産から国外資産へと変化しているのである。

　ところで、日本の富裕層が有する国外金融資産の実態把握方法としては、国税庁が実施する、①情報申告制度、②質問検査権、及び③情報交換制度が挙げ

られる。

　しかし、いずれの実態把握方法も、①国外送金後の国外金融口座の残高推移及び資産状況等を把握することができない、②相手国の同意を得られない場合には、相手国の領域内において行使することができず、相手国の同意が得られた場合でも調査対象者の同意も必要とされ、さらに、日本の罰則規定が適用されない、③租税情報交換協定が締結されていない場合には、情報交換することができないという問題点を有しているのである。

　一方、米国における米国人富裕層の国外資産に対する把握方法としては、まず2001年に導入された「QIレジーム」が挙げられるが、QI契約締結後も「UBS事件」のような国外金融資産を対象とした租税回避行為が発生している。そのため、米国では、「USB事件」を受けて、QIレジームを制度的に強化したFATCAが2010年に成立している。

　つまり、FFIに対して源泉徴収の対象となる支払いが行われた際に、一定の要件が満たされなければ30％の源泉徴収が行われることになり、同様に、NFFE対して源泉徴収の対象となる支払いが行われた際にも、一定の要件が満たされなければ30％の源泉徴収が行われることになる。ただし、FATCAの導入について問題がないわけではなく、外国金融機関の母国の国内法令等に抵触し、守秘義務や個人情報保護を定めた国内プライバシー関連法令に抵触する可能性や租税条約に違反する可能性がある等の問題点が指摘されている。そのため、国境を越えた課税システムの整備を行うことが求められているのである[16]。

注
(1)　Tax Hevenとは、法制度の透明性が欠如し、実質的活動の透明性も欠如しているような税金が課税されない、又は課税されたとしても名目的な課税がなされている地域のことである。
　　　（出所）OECD, Harmful Tax Competition：An Emerging Global Issue, 1988. 水野

忠恒監修・高木由利子訳『有害な税の競争：起こりつつある国際問題』（日本租税研究協会、1998 年）22 ページ。
(2) C. Pinto (1998) EU and OECD to Fight Harmful Tax Competition：Has the Right Path Been Undertaken?, *Intertax*, Vol. 26, Issue 12, p. 386.
(3) 同文書で指摘された「モサック・フォンセカ」（Mossack Fonseca）とは、1977 年に設立され、英領バージン諸島、及び南太平洋のサモア等にペーパーカンパニーを設立して節税指導を行った法律事務所のことである。また、パナマ文書では、租税回避行為が指摘された政治家として、グンロイグソン（アイスランド前首相）、プーチン（ロシア大統領）、キャメロン（英国首相）、習近平（中国国家主席）、アサド（シリア大統領）、及びナジブ（マレーシア首相）等の名前が挙げられ、著名人としては、ジャッキー・チェン（映画俳優）、及びメッシ（サッカー選手）等の名前が挙げられ、租税回避行為に関与した金融機関としては、クレデイ・スイス及び UBS 等の名前が挙げられている。
(4) Tax Relief 2001, *A Summary of Selected Provisions of the Economic Growth and Tax Relief ReconciliationAct of 2001*, The National Underwriter Company, p66.
(5) 黒川　功稿「租税法律主義の本来の姿と武富士事件判決～わが国租税裁判の現状を憂う～」『東京税理士界』2011 年に詳しい。
(6) 田中　良稿「全世界所得課税確保のための海外金融資産・所得の把握手法　―米国の適格仲介人（QI）レジーム・FATCA レジームの展開―」IMES DISCUSSION PAPER SERIES（日本銀行金融研究所、2011 年）66 ページ。
(7) 田内彦一郎稿「海外資産の把握及び法制の異なる資産等の取扱い」『税大論叢』34 号（2006 年）186 ページ。
(8) 海外送金を行う場合には、身分証明書を添えてその氏名及び住所等を記載した書面を金融機関に提出しなければならない。
(9) 石井道遠稿「タックス・コンプライアンスを巡る国際的連携の動きと我が国の政策対応の在り方（試論）」RIETI Discussion Paper Series 10-J-033（2010 年）18 ページ。
(10) 永井　博稿「国際化における資料情報制度及び情報交換制度の課題」『税大論叢』34 号（1999 年）404 ページ。
(11) デネシーエドワード・沢村百合子・コリンズチップ稿、「米国源泉徴収税規則における QI（適格仲介人）20 年の歴史第 2 部」『国際税務』、20 巻 12 号（2000 年）28 ページ。
(12) Joint Committee on Taxation, *Selected Issues Relating To Tax Compliance With Respect To Offshore Accounts and Entities*, 2008, p. 36.
(13) 増井良啓稿「租税条約に基づく情報交換　―オフショア銀行口座の課税情報を中心として―」IMESDISCUSSION PAPER SERIES（日本銀行金融研究所、2011 年）に詳し

(14) 生田ひろみ・前田幸作稿「外国口座税務コンプライアンス法成立（Foreign Account Tax Compliance Act：FATCA）重要規則の解説と規則の概要」トーマツリサーチセンター会計情報 Vol. 406（2010年）28-29ページ。
(15) 川橋仁美稿「米国の外国口座税務コンプライアンス法（FATCA）の施行を巡る問題点」野村総合研究所金融ITイノベーション研究部〈2011年〉、13ページ。
(16) 米国における米国人富裕層の国外資産に対する監視の強化は、米国人富裕層の租税回避に関する関心を、国外租税回避地から国内租税回避地へと移行させている。例えば、米国のネバタ州、デラウェア州、及びワイオミング州は、節税対策を目的とするペーパーカンパニーを設立しやすく租税回避地としての要件を揃えているのである。

第6章
特殊なファミリービジネスの承継

第1節　特殊な事業承継と事業承継税制の関係

　昭和55（1980）年、通商産業省及び中小企業庁は、事業承継税制導入の検討機関として、富岡幸雄（当時中央大学名誉教授）を座長とする中小企業承継税制問題研究会を発足させた。

　その後、事業承継税制は、昭和58（1983）年度税制改正において、「取引相場のない株式等に係る特例」及び「小規模宅地等についての相続税の課税価格の計算の特例」を主柱として成立する[1]。

　この事業承継税制に対しては批判的な見解も存在する。例えば、事業承継は、近親者の円滑な事業承継を前提としているが、事業規模の拡大に伴い事業承継の中心が個人の相続から組織の承継へと移行しているため、必ずしも企業経営の実態に合致しておらず、また、親の事業基盤と遺産を承継することができない者にとっては、事業意欲を喪失させる恐れがあるという批判的な見解が存在する。

　一方、事業承継税制が、非上場会社の経営者の円滑な事業承継に果たした役割の大きさを高く評価する見解も存在する。なぜならば、非上場会社の経営者の事業承継の課税対象としては、換金性の乏しい「取引相場のない株式等」と「小規模宅地等についての相続税の課税価格の計算の特例」の対象となる「土地」がその多数を占めるため、事業承継税制を用いた税制面における優遇措置

が講じられなければ、相続税の税負担の重さが中小企業の企業経営を圧迫したと推測できるからである。

しかしながら、事業承継税制が誕生した当時と現在とでは、ファミリービジネスを取り巻く経営環境も大きく変化し、事業承継を巡る新しい論点も生まれており、事業承継税制を再検討すべき時機を迎えている。また、事業承継税制では特に触れられていないが、ファミリービジネスの一角を占める①農業相続人、②宗教法人、及び③清酒製造業者の事業承継においては、「人的承継」が重要な経営課題として位置づけられている。そのため、本章では、事業承継税制では触れられていない特殊な事業承継における人的承継と関連税制について検討した。

第2節　農業相続人の事業承継のケース

第1項　農家の経営形態と人的承継

農家の経営主の年齢階層は、農林水産省大臣官房統計部農林水産統計に拠れば、図表6-1に示すように、「50〜59歳」が約33％と最も多く、次いで「40〜49歳」が約28％を占め、「60歳以上」が約20％、「39歳以下」が約19％の順である。この調査結果は、わが国の農家の人的承継が厳しい状態にあることを示している。なぜならば、農家の経営主の高齢化は、将来的に農家の事業承継を困難なものにすることが予測できるからである。

また、就農形態としては、図表6-2に示すように、「経営継承」が574,000人と多数を占めるが、この調査結果は、農家の事業承継において"親から子への相続"の形態を採ることが多い事実を示しており、農家における「人的承継」の重要性を認識できるのである。

今後、アジア太平洋経済協力会議（Asia Pacific Economic Cooperation/APEC）

【図表6-1】 新たに農家の経営主となった者の年齢階層別構成

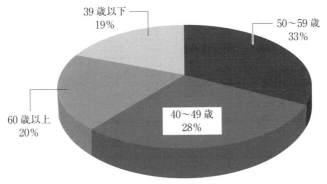

(出所) 農林水産統計 (農林水産省大臣官房統計部、2007年) 2ページ。

で協議された環太平洋パートナーシップ協定 (Trans-Pacific Strategic Economic Partnership/TPP) への参加に伴い、農家に対して農業市場の開放と大規模農業への転換が求められた場合には、農業の人的承継者の確保にも大きな影響を与える可能性がある。

第2項 農業相続人が農地等を相続した場合の納税猶予の特例の意義

平成21 (2009) 年度税制改正において、農業相続人が農地等を相続した場合の納税猶予の特例 (以下、「農地等についての相続税の納税猶予の特例」とする) が改正されたが、この農地等についての相続税の納税猶予の特例は農地における所有と経営の分離を防ぐと共に、均等相続を前提とする民法制度にとらわれことなく、農地等を相続できるように設けられた制度である[(2)]。

つまり、農地等についての相続税の納税猶予の特例は、農家相続の円滑化を図ることを目的として「農家を営んでいた被相続人又は特定貸付けを行っていた被相続人から一定の相続人が一定の農地等を相続や遺贈によって取得し、農業を営む場合又は特定貸付けを行う場合には、一定の要件の下にその取得した農地等の価額のうち農業投資価格による価額を超える部分に対応する相続税額

【図表6-2】 就農形態と経営形態からみた就農者のタイプ・経営継承と経営創業との比較

区分		経営形態（2009年）		対象地域と担い手対策
		農家型	非農家型	
就農形態	経営継承	自営農業就農者【574,000人】	雇用就農者【76,000人】	担い手がいる地域における担い手の再生産
	経営創業	新規参入者【19,000人】	農外企業等【414法人】	担い手不足地域における担い手の創出

区分		自営農業就農者の経営継承	新規参入者の経営創業	受け入れ・支援側の課題
経営者の育成関係		親―子	受け入れ側―新規参入者	就農者の発見・確保 就農相談によるマッチング
経営基盤	有形の経営資源の確保（農地・資金・資本等）	相続	新規調達	経営資源のセット化
	無形の経営資源の確保（営農技術・信用力等）	家族内での分業・協業を通じた教育	新規調達	研修制度の創設 地域的信頼関係の構築
	就農までの期間	長期間のライフサイクル	短期間	新規参入者の資質の向上、効率的な支援措置の実施
生活基盤	住宅などの生活資源	あり	新規確保	生活環境の整備
	地域の人間関係	日常生活を通じて形成	新たに構築	地域との交流機会の設置

（出所）江川　章稿、「農業における人材確保・育成の動向と課題」（農林水産政策研究所、2011年）3-5ページ。

は、その取得した農地等について相続人が農業の継続又は特定貸付けを行っている場合に限り、その納税が猶予される」という内容の特例である[3]。

　ただし、農業相続人が農地等についての相続税の納税猶予の特例を受けるためには、図表図表6-3に示すような内容のいずれかに該当しなければならず、相続税の期限内申告書にこの特例の適用を受ける旨を記載をすることが求められる。この農業相続人が農地等を相続した場合の納税猶予の特例は、農業相続人の円滑な事業承継を目的として制定されたのであるが、本来であれば、世襲

【図表6-3】 農家の相続人の要件

被相続人の要件	農家の相続人の要件
・死亡の日まで農業を営んでいた人	・相続税の申告期限までに農業経営を開始し、その後も引き続き農業経営を行うと認められる人
・農地等の生前一括贈与をした人 ※ 死亡の日まで受贈者が贈与税の納税猶予又は納期限の延長の特例の適用を受けていた場合に限られる。	・農地等の生前一括贈与の特例の適用を受けた受贈者で、特例付加年金又は経営移譲年金の支給を受けるためその推定相続人の1人に対し農地等について使用貸借による権利を設定して、農業経営を移譲し、税務署長に届出をした人 ※ 贈与者の死亡の日後も引き続いてその推定相続人が農業経営を行うものに限る。
・死亡の日まで相続税の納税猶予の適用を受けていた農業相続人又は農地等の生前一括贈与の適用を受けていた受贈者で、障害、疾病などの事由により自己の農業の用に供することが困難な状態であるため賃借権等の設定による貸付けをし、税務署長に届出をした人	・農地等の生前一括贈与の特例の適用を受けた受贈者で、障害、疾病などの事由により自己の農業の用に供することが困難な状態であるため貸借権等の設定による貸付けをし、税務署長に届出をした人 ※ 贈与者の死亡後も引き続いて賃借権等の設定による貸付けを行うものに限る。
・死亡の日まで特定貸付けを行っていた人	・相続税の申告期限までに特定貸付けを行った人
特例農地等の要件	
・被相続人が農業の用に供していた農地等で相続税の申告期限までに遺産分割されたもの ・被相続人が特定貸付けを行っていた農地又は採草放牧地で相続税の申告期限までに遺産分割されたもの ・被相続人が営農困難時貸付けを行っていた農地等で相続税の申告期限までに遺産分割されたもの ・被相続人から生前一括贈与により取得した農地等で、被相続人の死亡の時まで贈与税の納税猶予又は納期限の延長の特例の適用を受けていたもの ・相続や遺贈によって財産を取得した人が相続開始の年に被相続人から生前一括贈与を受けていたもの	

(出所)「国税庁ホームページ相続税の申告のしかた」21-22ページを基にして作成。

制の傾向の強い農業相続人の事業承継は、事業承継税制のなかに盛り込むべき性格のものであり、事業承継税制の拡充が求められるのである。

第3節　宗教法人の事業承継のケース

第1項　宗教法人の分類と人的承継

宗教法人は、宗教法人法第1条第1項に拠れば、「礼拝の施設その他の財産を所有し、これを維持運用し、その他その目的達成のための業務及び事業を運営することを目的とする文部科学大臣若しくは都道府県知事の認証を受けた宗教団体のことである」と定義される。

また、宗教法人には、図表6-4に示すように、文部科学大臣所轄の宗教法人と都道府県知事所轄の宗教法人が存在し、礼拝施設を備える「単位宗教法人」（寺院・神社・教会）と、神社、寺院及び教会を傘下に有する「包括宗教法人」（宗派・教派・教団）とに大別される。

そして、宗教法人の特徴としては世襲制の傾向が強く、特に、仏教系の宗教法人において「人的承継」の重要性を認識できるのである[4]。

【図表6-4】　日本の宗教法人数（2008年12月31日時点）

	文部科学大臣所轄	都道府県知事所轄
諸教系	107	14,931
キリスト教系	306	4,151
仏教系	428	77,310
神道系	214	85,154

（出所）文化庁ホームページ（http://www.bunka.go.jp/shukyouhoujin/gaiyou.html）

第2項　宗教法人の所有する保有地に対する固定資産税課税の是非

　固定資産税は、シャウプ（C. S. Shoup）使節団の調査と助言にもとづき昭和25（1954）年に導入された地方税のことであるが、宗教法人の有する公共性及び公益性を重視し、宗教法人が専ら本来の用に供する固定資産に対して非課税としている。

　しかし、宗教法人の所有する保有地に対する固定資産税の非課税措置の適用については批判的な見解も存在する。憲法第20条は、「信教の自由は、何人に対してもこれを保障する。いかなる宗教団体も、国から特権を受け、又は政治上の権力を行使してはならない」と規定するが、この場合の非課税措置は「国からの特権」に該当することになり、憲法の精神に抵触する恐れがある。

　ところで、課税庁が、宗教法人の保有地に対して固定資産税を課税した事例がある。例えば、東京都墨田区都税事務所所長は、平成16（2004）年6月1日付で、浄土宗回向院境内の動物遺骨を安置したロッカー部分に対して「宗教法人が専らその本来の用に供する宗教法人法第3条に規定する境内建物及び境内地に該当しない」として、平成16（2004）年度分の固定資産税及び都市計画税の賦課処分を行っている。

　その後、浄土宗回向院事件を巡る訴訟が生起したが、第一審判決と第二審判決では異なる判示がなされている。例えば、第一審判決では、「人に対する供養と動物に対する供養では『社会通念』に照らして社会的評価が異なる」ということを理由に挙げ、課税庁の立場を支持しているのに対して、第二審では、「①民間のペット霊園が多数開業する以前の昭和37（1962）年からロッカー形式による遺骨の安置を開始していること、②浄土宗以外の教義及び作法による供養を行っていないこと、③基本的に合祀を勧め、合祀についての管理費等の費用がかからないこと、④広告宣伝を一切行わず、民間業者の紹介も受けないためリベートも発生していないこと等を理由に挙げて、地方税法348条2項3

号の宗教法人の保有地に対す固定資産税の非課税措置に該当する」と判示しているのである[5]。

つまり、第二審は、浄土宗回向院が江戸時代から営利を目的とすることなく境内の一角に動物供養を目的とする回向堂や供養塔を設けて宗教活動を行ってきた点を重視して非課税措置を支持したものと推測できる。

この浄土宗回向院のケースでは、営利を目的としたものであるか否やかという点と、社会通念上、公益法人の活動として相応しいものであるか否やかという点が問われたのである。

また、浄土宗回向院のケースでは、公益性を重視して公益法人の所有する保有地に対して固定資産税を非課税としたが、特定の信者の精神的救済を目的として教化活動に専念する宗教法人に対してまでも固定資産税の非課税措置を適用することには問題点を指摘できる。

一方、わが国の戦後税制に大きな影響を及ぼした米国では、Internal Revenue Code of 1986（内国歳入法典）にもとづき、一定の手続きを経た適格非営利法人の宗教団体に対してのみ非課税措置を容認している[6]。わが国においても、米国のような厳しい適格非営利法人の規制を設けて宗教法人に対する非課税措置を検討すべきである[7]。

すなわち、専ら宗教法人の本来の用に供する境内地（境内建物を含む）であっても、市場価値に基づいて固定資産税等を課税すべきであり、仮に、文化価値の高い文化財を評価することが困難であるというのであれば、収益事業所得に対する法人税率を変更するなどの措置を講ずることを提案したい。

もちろん、宗教活動が国民の精神生活の安定に貢献している点が高く評価されるべきである。しかし、それは、国民全体からみれば極めて少数の特定の信者に対して寄与しているにすぎず、「信教の自由」は憲法により国民に与えられた権利であり、国民がいずれの宗派の信徒となるかを選択することに対しては異論を挟む余地はないが、そのことが宗教法人に対して税制上の便宜を与え

ることの説明にはならないのである。

第4節　清酒製造業者の事業承継のケース

第1項　清酒業界の経営課題と人的承継

　わが国には「老舗」と評される企業は多いが、清酒業界においても、図表6-5に示すように、創業100年を超える清酒製造業者が多数存在している。例えば、須藤本家、飛良泉本舗、及び剣菱酒造は創業500年を超えている。そして、この清酒製造業者の特徴としては、「平成22（2010）年度時点で全国1,564事業者にまで減少し、このうち資本金3億円超かつ従業員数300人超の大企業はわずかに5社に留まり、99％以上を中小企業が占め、さらに、販売数量規模別にみると、年産100 kl以下の企業が6割を超えており、200 kl以下まで広げても8割弱であり、わずか1％の10千 kl超の企業が課税移出数量の過半を

【図表6-5】　老舗酒造メーカーの創業年度

順位	企業名	所在地	創業年
1位	須藤本家	茨城県笠間市	1141年（永治元年）
2位	飛良泉本舗	秋田県にかほ市	1487年（長享元年）
3位	剣菱酒造	神戸市東灘区	1505年（永正2年）
4位	山路酒造	滋賀県木ノ本町	1532年（天文元年）
5位	吉乃川酒造	新潟県長岡市	1548年（天文17年）
6位	小西酒造	兵庫県伊丹市	1550年（天文19年）
7位	千野酒造場	長野県長野市	1555年（天文24年）
8位	羽根田酒造	山形県鶴岡市	1592年（文禄元年）
9位	小屋酒造	山形県大蔵村	1596年（慶長元年）
10位	豊島屋本店	東京都千代田区	1596年（慶長元年）

産出し、企業間格差が拡大している」[(8)]という特徴を有している。加えて、日本酒造杜氏組合連合会の調査結果に拠れば、日本酒造杜氏組合連合会の組合員数は、平成 10（1998）年の 6,142 人（杜氏会員数 1,387 人・三役会員数 1,597 人・一般会員数 3,158 人）から平成 22（2010）年には、2,620 人（杜氏会員数 773 人・三役会員数 390 人・一般会員数 1,457 人）にまで減少しており、ファミリービジネスの一角を占める清酒製造業者における「人的承継」は厳しい状況にある。

　また、酒類製造業者の人的承継の方法としては、企業合併という手段も考えられる。例えば、日本名門酒会の代表的銘柄に成長した宮城県大崎市を拠点とする酒造メーカーの「株式会社一ノ蔵」は、昭和 48（1973 年）に、「松本酒造店」（宝暦 5 年創業）、「勝来酒造」（昭和 8 年創業）、「櫻井酒造店」（宝永 6 年創業）、及び「浅見商店」（明治 10 年創業）の 4 社が合併して誕生した企業である。

　もちろん、企業文化も経営理念も異なる企業同士が合併することは容易なことではないが、事業承継者の確保と育成を目的するならば企業合併も選択肢の一つとして浮上するのである。

第 2 項　酒税法第 7 条と人的承継の関連性

　酒税制度は、図表 6-6 に示すように、昭和 15（1940）年 3 月に酒税法が制定され、昭和 28（1953）年 2 月に「酒税法（現行法）」が制定されることにより漸次整備されてきた。

　明治期の「酒税」は、「地租」と共に明治期の財政を支える重要な財源として位置づけられており、明治 32（1899）年には国税収入の約 42% を占めるほど大きな存在であり、明治 27（1894）年の日清戦争、及び明治 37（1904）年の日露戦争の戦費も担っていたのである。

　その後、酒税の蔵入に占める割合は、昭和 63（1988）年の 2 兆 2,021 億円を頂点として減少し続け、平成 25（2013）年度の酒税収入額は、国税収入の約

【図表6-6】 わが国おける酒税制度等の沿革（概要）

年次	事項
明治4（1871）年7月	清酒、濁酒、醤油醸造鑑札収与並収税法規則の制定
明治29（1896）年3月	酒造税法の制定
明治34（1901）年12月	麦酒税法の制定
昭和15（1940）年3月	酒税法の制定（造石税・庫出税の併課）
昭和28（1953）年2月	酒税法（現行法）の制定
昭和37（1962）年4月	酒税法の大幅改正（酒類の種類分類の改正・従価格制度の採用・申告納税制度の採用）
平成元（1989）年4月	酒税法等の大幅改正（級別制度の廃止・従価格制度の廃止・酒類の種類間の税率の見直し等・酒類の表示基準制度の創設）
平成9（1997）年10月 平成10（1998）年5月	酒税法の一部改正（WTO勧告に対応するためのしょうちゅう等蒸留酒に係わる税率の見直し）
平成12（2000）年12月	酒税法の一部改正（酒類の販売業免許の取消事由に、「酒類販売業者が未成年者飲酒禁止法の規定により罰金の刑に処せられた場合」の追加）
平成15（2003）年4月	酒税法の一部改正（酒類等の検定制度の廃止等）
平成15（2003）年9月	酒税法及び酒類業組合法の一部改正（免許の拒否要件の追加・酒類の表示に関する命令規定の整備・酒類販売管理者の選任規定の新設）
平成18（2006）年5月	酒税法等の一部改正（酒類の分類を4種類に簡素化、一部酒類の定義を改正）

(出所) 国税庁課税部酒税課「付表 我が国における酒税制度等の沿革（概要）」（平成25年3月）3ページを基に作成。

2.9％に該当する1兆3,470億円にまで減少している。しかし、酒税は、約1兆円の歳入を確実に見込めるため、その評価は依然として高い。つまり、自己消費目的の酒類製造の禁止に対しては、酒税収入の恒常的な確保と国民生活の保健衛生面の健全を目的として必要なものであると認識されているのである。

ところで、現行の酒税率は、図表6-7に示すような税率を採用しているが、税率が酒類や製造方法によって複雑に区分されすぎているという批判を受けて

【図表6-7】 わが国の酒税率一覧

区分		税率 （1キロリットル当たり）	アルコール分 1度当たりの加算額
発泡性酒類		220,000円	―
	発泡酒（麦芽比率25～50%未満）	178,125円	―
	発泡酒（麦芽比率25%未満）	134,250円	―
	その他の発泡性酒類（ホップ等を原料としたもの〈一定のものを除く。〉を除く。）	80,000円	―
醸造酒類		140,000円	―
	清酒	120,000円	―
	果実酒	80,000円	―
蒸留酒類		（アルコール分21度未満） 200,000円	（アルコール分21度以上） 10,000円
	ウイスキー・ブランデー・スピリッツ	（アルコール分38度未満） 370,000円	（アルコール分38度以上） 10,000円
混成酒類		（アルコール分21度未満） 220,000円	（アルコール分21度以上） 11,000円
	合成清酒	100,000円	―
	みりん・雑酒（みりん類似）	20,000円	―
	甘味果実酒・リキュール	（アルコール分13度未満） 120,000円	（アルコール分13度以上） 10,000円
	粉末酒	390,000円	―

（備考）1. 発泡性酒類・・・ビール、発泡酒、その他の発泡性酒類（ビール及び発泡酒以外の酒類のうちアルコール分10度未満で発泡性を有するもの）
2. 醸造酒類・・・清酒、果実酒、その他の醸造酒（その他の発泡性酒類を除く。）
3. 蒸留酒類・・・連続式蒸留しょうちゅう、単式蒸留しょうちゅう、ウイスキー、ブランデー、原料用アルコール、スピリッツ（その他の発泡性酒類を除く。）
4. 混成酒類・・・合成清酒、みりん、甘味果実酒、リキュール、粉末酒、雑酒（その他の発泡性酒類を除く。）

（出所）財務省「酒税の税率」（http://www.mof.go.jp/tax_policy/summary/consumption/123.htm）

いる。

　また、酒税法第7条1項は、「酒類を製造しようとする者は、政令で定める手続により、製造しようとする酒類の品目別に、製造場ごとに、その製造場の所在地の所轄税務署長の免許を受けなければならない」と規定する。そして、酒税法第54条第1項は、酒税法第7条を補足するため、「第7条第1項又は第8条の規定による製造免許を受けないで、酒類、酵母又はもろみを製造した者は、10年以下の懲役又は100万円以下の罰金に処する」と規定する。つまり、酒類の製造に対する免許制は、酒税法第7条により規制され、酒税法第54条に罰則規定を設けることにより酒税法第7条を補完しているのである。

　酒税法第7条を巡る判例としては、最高裁平成元（1989）年12月14日第1小法廷判決が挙げられる。本判決は、自ら無免許で清酒及び雑酒（どぶろく）等を製造し、著書で無免許による清酒製造を奨励した者が酒税法第7条1項の無免許酒類製造罪で起訴された事件である。最高裁は、「酒税法第7条によって自己消費目的の酒類製造を規制することは憲法違反に該当しない」とする第一審の千葉地裁及び第二審の東京高裁の判決を支持した。

　しかしながら、最高裁判決にはいくつかの問題点を指摘できる。例えば、酒類製造免許制度の目的を歳入における恒常的な酒税収入の確保に求めるならば、少量の清酒製造で得られる酒税収入程度ではその目的を達成することが難しく、また、自己消費目的の酒類製造の自由を、憲法第13条が保障する"基本的人権"に含まれるものと解釈したならば、これは憲法上認められている"基本的人権"の尊重を犯す可能性があり個人の自由意思への不当な介入であると批判できる。そして、被告人が確信犯として行政当局に対して挑んだものであると解釈したとしても、重罰すぎると批判できるのである。

注
(1)　富岡幸雄著、『税務会計学原理　中央大学学術図書（56）』（中央大学出版部、2003年）、

(2) 秋元照夫稿、「農地課税及び農地評価の問題点」、北野弘久・小池幸造・三木義一編著、『争点相続税法（補訂版）』（勁草書房、1996 年）284 ページに詳しい。
(3) 「国税庁ホームページ・相続税の申告のしかた（平成 23 年分用）」に詳しい。
(4) 本願寺派では、宗祖の系統たる大谷宗家の家系に属する者が、嫡出の長男子（承継順位第一位）、嫡出の長男子の長男子（承継順位第二位）の順に血脈相承している。
　　（出所）岩谷宗圓稿、「宗教法人に対する贈与と相続税法 66 条 4 項」納税協会フォーラム（財団法人納税協会連合会、2005 年）に詳しい。
(5) http://www.tadaoka.com/pc/free3.html 参照。
(6) Bernheim, D (1987), Does the Estate Tax Raise Revenue? in L. Summers, ed., *Tax Policy and the Economy*, Vol. 1, pp 38-113, MIT Press, Schmalbeck, R (2001), *Avoiding Federal Wealth Transfer Taxes*, in W. Gale, J. Hines andJ. Slemrod eds., Rethinking Estate and Gift Taxation, pp113-163, Brookings, Internal Revenue Code of 1986.
(7) 石村耕治編著『宗教法人法制と税制のあり方―信教の自由と法人運営の透明性の確立―』（法律文化社、2006 年）に詳しい。
(8) 株式会社日本政策投資銀行地域企画部編「清酒業界の現状と成長戦略」（2013 年）13 ページ。

冒頭の続き：及び富岡幸雄著、『事業推進型承継税制への転換―事業承継税制の推移と改革構想―』（ぎょうせい、2001 年）に詳しい。

第7章
上場会社創業家のファミリービジネス

第1節　上場会社の創業家取締役とMBOとの関連性

第1項　上場会社の創業家取締役の利益相反行為

　MBO（Management Buy-Ont）は、「現在の経営者が資金を出資し、事業の継続を前提として対象会社の株式を購入すること」と定義することができ、事業承継のスキームとして活用できるというメリットを有するが、経営者の意思決定を迅速にすると共に、上場維持に必要となる経費を削減できるという経営効果もMBOのメリットとして挙げられる[1]。

　しかしながら、MBOにおいては、創業家取締役の利益違反行為を指摘する見解もあり株主代表訴訟の対象にもなる。実際、MBOを立案、計画するのは、創業家取締役としての行為であり、その立案、計画の過程において創業家の利益を優先しなければならない。

　一方、取締役の責務としては、株主の利益を確保し増加させるために企業価値の向上を図ることが求められる。例えば、創業家取締役は、図表7-1に示す

【図表7-1】　創業家取締役の利益相反行為

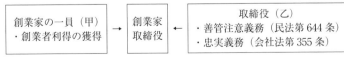

ように、甲としての利得を獲得しようとすると乙としての義務を果たせないことになり、乙の義務を優先すると甲の利得を侵害する恐れがある。最近では、MBO を実施したシャルレの創業家取締役の行為が、善管注意義務違反に該当するとして「シャルレ株主代表訴訟」が提起されている。

また、MBO において TOB（Take Over Bid）が実施された場合、TOB 価格と直近の株価との差額である「買収プレミアム」が問題となる。この MBO を巡る買収プレミアムには、①企業再編による将来的な株主価値の上昇分を反映したもの、②単なるステークホルダーからの富の移転を源泉としているものという二つの対立する見解が存在する[2]。仮に、創業家により株式の再上場が行われたならば、創業家は同一の株式で二重の創業者利得を獲得することが可能になり、そして、買収プレミアムが妥当なものであると認識されなければ、株式市場を混乱させステークホルダーの利益を侵害したことに対する責任が問われることになる。

第 2 項　上場会社の創業家支配と MBO の状況

わが国の上場企業数は、経済産業政策局企業会計室の調査に拠れば、図表7-2 に示すように、平成 25（2013）年 12 月末時点で、東京証券取引所（第一

【図表 7-2】　わが国の上場企業数

法人形態	企業数	合計
東京証券取引所（第一部）	1,782 社	3,547 社 （企業数：約 409 万社）
東京証券取引所（第二部）	559 社	
東京証券取引所（マザーズ・ジャスダック）	1,070 社	
その他（札幌取引所・名古屋取引所・福岡取引所）	485 社	

（出所）経済産業政策局企業会計室編、「企業情報開示等をめぐる国際動向」（2013 年）17 ページを基に作成。
（注）米国においては、企業数約 603 万社のうち 5,008 社が上場企業である。

部）1,782社、東京証券取引所（第二部）559社、東京証券取引所（マザーズ・ジャスダック）1,070社、その他（札幌取引所・名古屋取引所・福岡取引所）485社であり総計3,547社である。

また、平成12（2000）年3月期における全上場企業2,515社の分析調査に拠れば、わが国における創業者又は創業家ファミリーが上場企業の最大株主として経営トップを担っている割合は、図表7-3に示すように約40％と高い数値を示している。

そのため、事業承継は、中小企業ばかりでなく上場会社においても重要な経営課題の一つとして認識されており、MBOを活用して創業家ファミリーへの事業承継を図る企業も存在する。例えば、ファミリー企業〔Aタイプ〕の代表的存在である株式会社ワールド（以下、「ワールド」とする）は、事業承継を目的として平成17（2005）年にMBOに伴うTOBの成立を発表して非公開化している。

その後、平成23（2011）年には、株式会社幻冬舎、株式会社サザビーリーグ、及びカルチュア・コンビニエンス・クラブ株式会社（CCC）等のように

【図表7-3】 上場企業の創業家支配

区分	企業数	割合	内容
専門経営者企業	1,441社	57.3%	主たる株主は、機関投資家、金融機関並びに親会社であり、経営者は限定された株式しか有していない。
ファミリー企業〔Aタイプ〕	925社	36.8%	創業者又は創業家ファミリーは、最大株主であると共に経営に参画している。
ファミリー企業〔Bタイプ〕	119社	4.7%	創業者又は創業家ファミリーは、個人大株主であるが経営に参画していない。
ファミリー企業〔Cタイプ〕	30社	1.2%	創業者又は創業家ファミリーは、個人大株主ではないが経営に参画している。

（出所）倉科敏材著、『ファミリー企業の経営学』（東洋経済新報社、2003年）、斎藤達弘稿、「ファミリー企業であり続けるために」『大阪大学経済学』Vol.57 No.4（2008年）7ページを基に作成。

MBOを実施した企業が多いが、上場企業がMBOを実施する理由としては、敵対的M&A（Merger & Acquisition）への防衛手段としての活用に加えて、特定株主の意思に左右されることなくステークホルダー全体の利益を重視するという観点から長期的な企業経営を実現できるというメリットも挙げられる。

また、株式上場のメリットとしては、直接金融による資金調達の確保及び社会的信用力の増大が挙げられるが、企業財務が安定し社会的認知度の高い企業であれば、資金調達や社会的信用力の面で安定しているため、MBOに伴う株式の非公開化を選択することも考えられる。そして、ファミリービジネス創業家が、同族関係者の間で円滑な事業承継を行うためにもMBOに伴う株式の非公開化は、創業家ファミリーによる企業支配において有効な経営手法である。

しかし、MBOに対しては、「MBOは、本来企業価値の向上を通じて株主の利益を代表すべき経営者が、自ら対象企業の株式を取得することになるため、利益相反的な構図を内包する」[3]という批判的な見解も存在する。

第2節　シャルレMBO株主代表訴訟と取締役の善管注意義務

昭和50（1975）年、株式会社シャルレ（以下、「シャルレ」とする）は、林雅晴・宏子夫妻によりレディースインナーを主体とする衣料品販売及び化粧品販売を事業内容として創業される。そして、平成2（1990）年、シャルレは大阪証券取引所2部に上場を果たす。

その後、シャルレは、平成20（2008）年9月に、1株800円でTOBを宣言しMBOを公表するが、このTOBに際して、同社の創業家取締役である林勝哉（創業者の長男）が行った行為（TOB価格を低額に抑えることを目的としたTOBの延期）が取締役の利益相反行為に当たるとして、買付価格に不満を持つ株主から株主代表訴訟を提起されている。

また、TOBを予定していた三菱東京UFJ銀行は、シャルレの経営上の混乱

を理由としてTOBの実施を延期することを決定したため、シャルレのMBOは失敗する。

本件では、創業家取締役の善管注意義務の有無が問われたが、民法第644条は、取締役の義務について、「受任者は、委任の本旨に従い、善良な管理者の注意をもって、委任事務を処理する義務を負う」と善管注意義務を規定し、会社法第355条は、「取締役は、法令及び定款並びに株主総会の決議を遵守し、株式会社のため忠実にその職務を行わなければならない」と忠実義務を規定する。

このシャルレMBO株主代表訴訟判決では、MBOに際して創業家取締役の善管注意義務の有無が問われたのである。本判決は、取締役に対して「自己又は第三者の利益を図るため、その職務上の地位を利用して著しく合理性に欠けるMBOを計画、実行しない義務を有する」と判示した。つまり、創業家取締役が対象会社のMBOを計画、実行することは、取締役の善管注意義務違反に該当すると判示したと解釈できる。ただし、社外取締役3名の善意注意義務違反は否定されている。

また、MBOの実施過程では、MBOに関する情報の透明性とMBOの手続きの合理性が求められることになるが、MBOにおいて買付側である創業家取締役と売却側の株主とは、本質的に相反する利益を享受する関係を有しているため、MBOに関する情報を共有することは難しい。そのため、本判決では、平成24（2012）年5月8日付で、シャルレ側に企業情報が偏在しているとして文書提出命令の申立が出たが、この申立の対象となった文書は、①取締役の善管注意義務違反を裏付ける資料として、買付側が作成させた株式価値算定書、シャルレ側が作成させた株主資本価値評価報告書、株価算定の基礎となる利益計画の試算経過を記載した書面、役員ミーティング関連資料、被告取締役が受発信したメール、本件MBOに関する関東財務局への報告文書等、②シャルレが被った損額額を明らかにする資料として、MBOに関する諸経費の支出額を

示す出金伝票や契約書等である[4]。

　すなわち、本判決は、創業家取締役がその地位を利用して、MBO 手続きにおいて不正が行われているというような不信感を株主に与えることのないように価格決定の際には留意するべきであり、後日の手続き検証も容易なものにしなければならないと判じたのである。

　また、シャルレ側は、神戸地裁平成24（2012）年5月8日判決を不服として抗告したが、大阪高裁は、平成24（2012）年12月7日にシャルレ側の抗告を棄却する旨を決定し、その結果、シャルレ側の抗告棄却の判決が決定され原審の決定が維持されることになった。

　大阪高裁判決では、シャルレ側が主張した「職業上の秘密文書」及び「自己使用文書」への該当性が争点となった。しかし、大阪高裁判決では、MBO 実施の頓挫からすでに4年間の月日が経過しているため職業上の秘密文書としての価値を喪失しており、さらに、MBO においては、対象会社の利益よりも株主の利益を優先するべきであると判示されたのである。

　また、大阪高裁判決で争点となった「職業上の秘密文書」及び「自己使用文書」は、いずれも個別具体的な利益衡量により判断される文書のことであり、前者はその秘密が公開されてしまうとその職業を維持することが困難となるような秘密文書のことであり、後者は専ら文書の所持者の利用に供するための文書のことである[5]。

　平成8（1996）年の民事訴訟法改正に伴い、原則的に、文書提出義務が全ての非公務文書にも課されることに改正されたが、「職業上の秘密文書」及び「自己使用文書」が文書提出義務の例外的存在として位置づけられるかどうかは、憲法19条が内心の自由を保障している点を鑑みたならば文書提出義務が免除されると認識できる[6]。しかし、判示が示すように、本件は、MBO 実施の頓挫からすでに4年間の月日が経過しているため「職業上の秘密文書」としての価値を喪失していると考えるのが妥当である。

また、株主代表訴訟の特徴としては、「代表株主が、自らの利益のためではなく、会社の利益を実現するために訴訟追行することであり、代表株主を会社の代表機関とはせず、取締役に対する損害賠償請求権という権利の帰属主体である会社に代わって訴訟追行権を行使する第三者として位置づけている」[7]ことが挙げられるが、シャルレMBO株主代表訴訟判決は、今後の日本企業のMBOの活用法、及び株主代表訴訟の在り方について一石を投じた判決であると指摘できる。

第3節　全部取得条項付種類株式の活用とMBO等価格決定裁判

第1項　会社法第171条の二段階手続き

会社法第171条は、「全部取得条項付種類株式を発行した種類株式発行会社は、株主総会の決議によって、全部取得条項付種類株式の全部を取得することができる」と規定しており、ファミリービジネス創業家が事業承継を前提としたMBOを実施する場合には、総会の特別多数決に基づいて既存の株式に全部取得条項を付して全部取得することができる。

例えば、ファミリービジネス創業家は、図表7-4に示すように、(イ)株主

【図表7-4】　会社法第171条の二段階手続き

創業家 (発行会社)	株主総会の特別決議等に基づいて 全部取得条項付種類株式を強制取得 ←　→ 株式の取得に対する代替としての 現金・社債・新株予約権等を交付	株主

(出所) 髙沢修一稿、「株式非公開化に伴う種類株式の評価と課税─全部取得条項付種類株式を中心として─」『會計』第172巻第4号 (2007年) 114ページ。

総会の特別決議等に基づいて全部取得条項付種類株式を強制取得し、（ロ）株式の取得に対する代替としての現金、社債、及び新株予約権等を交付するという二段階の手続きを踏むことにより、株主全員の同意を得ることなく株主総会の特別決議により全部取得条項付種類株式の発行と、同時に同種類株式の強制的取得が可能となる。この結果、ワールドは、事業承継を前提として、全部取得条項付種類株式を活用したMBOを実施したのである。

しかし、全部取得条項付種類株式は、株式買取請求権によって強制的に株式を他の資産に替えるという制度であるため、少数株主の権利を侵害する可能性がありMBO等価格決定裁判を生起させているのである。

第2項　株式会社レックスホールデイングスのMBO等価格決定裁判

平成9（1997）年、株式会社レックス・ホールディングス（以下、「レックスHD」とする）は西山知義により焼肉屋の牛角等のフランチャイズチェーンストアの展開を事業内容として創業され、平成12（2000）年に東証JQに上場を果たす。

その後、レックスHDは、am/pm、レッドロブスター、及び成城石井等をM&Aして事業拡大するが、外食産業の競争激化から業績不振に陥り、平成21（2009）年にam/pmを売却し、平成23（2011）年にレッドロブスターを売却し、成城石井も営業譲渡することになる。

そのため、創業者である西山知義は、事業の再構築を目的として、アドバンテッジパートナーズLLPをパートナーとしてMBOを実施したのである。

しかし、一部の個人投資家は、MBOを実施した際の買い付け価格が個人投資家の思惑を超えて不当に低額に設定されているとして、東京高裁に取得価格決定申立てを行った。その結果、東京高裁は、公開買付けが公表された前日の6ヶ月前から同公表日の前日までの市場株価の終値の平均値にプレミアム20％を加算した価格を取得価格とすると決定しているのである[8]。

また、田原睦夫裁判官は、高裁判決について、「まず、取得価格は『公正な価格』を示すとしたうえで、一般的に、取得価格の算定においては、MBOが行われなかったならば株主が享受し得る価値と、MBOの実施によって増大が期待される価値のうち株主が享受してしかるべき部分とを合算して算定すべきであると解することが妥当である」と述べ、次いで、「MBO実施においては、反対株主を含む全株主に対して当該MBOに関する情報の透明性が保たれ、強圧的な効果を生じないようにする配慮がなされているかも検討する必要がある」と述べる[9]。なお、『企業価値の向上及び公正な手続き確保のための経営者による企業買収［MBO］に関する指針』（MBO指針）は、図表7-5に示すように、MBOに際して実現される価値について、「MBOを行わなければ実現できない価値」と「MBOを行わなくても実現できる価値」を合算したものであると説明する。

　また、TOB価格と直近の株価との差額である買収プレミアムの源泉としては、①アンダーバリューの解消説、②負債の節税効果説、③エージェンシー・コストの削減説、④従業員からの富の移転説等の仮説が考えられる[10]。

　第一に、アンダーバリューの解消説とは、企業の潜在的能力が正確に株価に盛り込まれていなければ、企業の本質的価値が市場に反映されることなく過小評価されることになり、その結果、経営陣が想定した株価が実現されることなくディスカウント状態が継続することになるため、アンダーバリューの解消を目的としてMBOを実施するという考え方である。

【図表7-5】　MBOに際して実現される価値

MBOに際して実現される価値 ＝（MBOを行わなければ実現できない価値）＋（MBOを行わなくても実現できる価値） 　　　　　　　　　↓　　　　　　　　　　　　　　　↓ 　　株主及び取締役の双方が受けるべき部分を含む　　　基本的に株主が受け取るべきもの

（出所）大和総研編著、『経産省のMBO指針』（大和総研、2007年）2ページ。

第二に、負債の節税効果説とは、MBO に求められる買収資金を金融機関等から調達した場合には負債に対する支払利息が計上されることになり、この支払利息を損金算入することにより得られる節税効果を目的として MBO を実施するという考え方である。

　第三に、エージェンシー・コストの削減説とは、戦略的な MBO を実現することを目的として、中期的・長期的な視野に立って経営判断を行う経営陣と、短期的な視野に立って経営判断を行う株主との間にエージェンシー・コストが発生した場合の削減を目的として MBO を実施するという考え方である。

　第四に、従業員からの富の移転説とは、長期雇用契約や年功賃金・年金制度などの暗黙の契約である雇用形態を大幅に見直すことにより、従業員からの富の移転を図ることを目的として MBO を実施するという考え方である。

第3項　その他の MBO 等価格決定裁判事例

(1) サンスター株式会社の事例

　昭和7 (1932) 年、サンスター株式会社（以下、「サンスター」とする）は、創業家の金田邦夫により自転車部品の販売を事業内容として金田兄弟商会として創業されるが、その後、歯磨き、歯ブラシ、シャンプー、ヘアケア・スキンケア製品、石鹸、及び洗剤等の商品販売に事業転換している。

　現在、サンスターは、MBO により上場廃止し本社機能をスイスに移転しているが、平成 21 (2009) 年9月1日、大阪高裁は、サンスターの MBO 等価格決定裁判において、取得価格を原決定の1株 650 円から 840 円に変更すると決定した。

　本判決は、レックス HD 事件の判決を踏襲して、会社法第 172 条1項に基づく全部取得条項付種類株式の取得価格の決定について、当該株式の収得日における「公正な価格」をもってその取得価格とするべきであるとし、さらに、一定のプレミアムを考慮すべきであるとして、平成 17 (2005) 年から平成 19

(2007) 年の TOB のプレミアムの平均値が 20% 前後であることから 20% としているのである[11]。

しかし、全部取得条項付種類株式は、特別多数決に加えて株式買取請求権により強制的に株式を他の資産に買い替えるという制度であるため、発行会社がその取得した株式の代替として現金、社債、及び新株予約権等を少数株主に対して交付した場合には、少数株主の権利を侵害する可能性が生じるのである。

(2) 株式会社サイバードホールディングスの事例

平成 10 (1998) 年、株式会社サイバードホールディングス (以下、「サイバード HD」とする) は、創業者の堀主知ロバートによりモバイルコンテンツと企業マーケテイングを事業内容として創業される。

平成 20 (2008) 年 3 月 16 日、サイバード HD は、上場廃止を目的として、全部取得条項付種類株式を用いて MBO を実施する際に、公開買付けに応募しなかった株主を対象として 1 株に満たない端数を交付して、端数合計数に相当する株式を売却して得られる金銭 (公開買付価格と同額の 6 万円とした) を交付したが、このサイバード HD の行為に対して、サイバード HD の少数株主が本件株式の取得価格の決定申立を行った。東京地裁は、この少数株主の申し立てに対して、平成 21 (2009) 年 9 月 18 日に取得価格を 6 万 1,360 円と決定したのである。

(3) 株式会社ホリプロの事例

昭和 54 (1960) 年、株式会社ホリプロ (以下、「ホリプロ」とする) は、創業者の堀　威夫により、芸能プロダクション及び CM・テレビ番組制作等を事業内容として創業される。

平成 23 (2011) 年 12 月 16 日、ホリプロは、1 株 1,050 円で MBO の実施を公表したが、その取得価格に不満な株主が、全部取得条項付種類株式の価格が

1,677円を下回ることはないと判断し、平成24 (2012) 年4月17日に東京地裁に対して会社法第172条に基づき取得価格の決定申立を行った。

平成25 (2013) 年3月14日、東京地裁は、この申立に対して公開買付け期間（公開買付け公表日前1か月間）の市場株価終値を出来高過重平均で計算して1株当たり627円と算定し、これにMBOにおけるプレミア（423円）を加算して1,050円を決定価格とした。その後、東京高裁は、平成25 (2013) 年10月8日に株主側の即時抗告を棄却している。

第4節　上場会社創業家の人的承継の経営課題

本章では、MBOにおける創業家取締役の責任と公正な取引価格の算定について検討した。

MBOは、「現在の経営者が資金を出資し、事業の継続を前提として対象会社の株式を購入すること」と定義することができ、事業承継のスキームとしても活用できるというメリットを有するが、加えて、敵対的M&Aに対する防衛手段としても活用することができる。

そして、MBOを実施することにより特定株主の意思に左右されることなくステークホルダー全体の利益を重視した長期的な企業経営を実現することも可能となる。そのため、企業財務が安定しており社会的認知度の高い企業であれば、株式の公開化に拘束される必要もなく、MBOを立案・計画し、実施することができる。

しかしながら、わが国においては、ファミリービジネス創業家が上場企業の最大株主として経営トップを担っている割合が約40％と高い数値を示しているため、創業家取締役がMBOを立案・計画し、実施した場合、創業家取締役は創業家の一員という立場に加えて当該会社の取締役という相反する立場を有することになり、MBOに批判的な少数株主の立場からすれば、創業家取締役

の行為は、善管注意義務違反、及び忠実義務違反を犯している指摘されるのである。

　この創業家取締役の善管注意義務違反を対象とした判決としては、「シャルレ株主代表訴訟」が挙げられるが、本判決は、取締役に対して「自己又は第三者の利益を図るため、その職務上の地位を利用して著しく合理性に欠けるMBOを計画、実行しない義務を有する」と判示する。つまり、創業家取締役が対象会社のMBOを計画、実行することは、取締役の善管注意義務違反に該当すると判示したと解釈できるのである。

　また、MBOにおいては、全部取得条項付種類株式を活用することができる。しかし、この全部取得条項付種類株式の取得価格決定に際しては、多くのMBO等価格決定裁判が生起している。全部取得条項付種類株式は、特別多数決に加えて株式買取請求権により強制的に株式を他の資産に買い替えるという制度であるため、発行会社がその取得した株式の代替として現金、社債、及び新株予約権等を少数株主に対して交付した場合には、少数株主の権利を侵害する可能性が生じるのである。

注
(1)　経済産業省編著『企業価値の向上及び公正な手続き確保のための経営者による企業買収［MBO］に関する指針』（経済産業省、2007年）4-5ページ。
(2)　河西卓弥・齋藤隆志・川本真哉共稿「買収プレミアムの源泉は何か？　―MBOとステークホルダーからの富の移転に関する実証分析―」WIAS Discussion Paper No. 2010-007（早稲田大学高等研究所、2007年）1ページ。
(3)　太田珠美稿「上場会社数の減少が続く国内証券取引所」大和総研 Economic Report（2011年）5ページ。
(4)　http://judiciary.asahi.com/fukabori/201212270000.html 参照。
(5)　戸塚貴晴稿「民事訴訟法上の文書提出義務について―証言・文書提出等に関する他の制度との比較の視点を交えて―」『金融研究』（日本銀行金融研究所、1999年）、155・160ページに詳しい。
(6)　同上　147ページ参照。

(7) 伊藤　眞稿「株主代表訴訟における訴訟法上の諸問題」『東京大学法科大学院ローレビュー』Vol. 2（2007 年）、134 ページ。
(8) アンダーソン・毛利・友常法律事務所 HP「レックス・ホールディングス事件最高裁決定」参照。
(9) 平成 21（2009）年 5 月 29 日「レックス・ホールディングス事件最高裁判決」参照。
(10) 齋藤隆志稿「日本の非公開化 MBO における買収プレミアムと経営者行動」RIETI（独立行政法人経済産業研究所、2013 年）参照。
(11) アンダーソン・毛利・友常法律事務所 HP「サンスター事件大阪高裁決定」参照。

第8章
在日コリアン企業家のファミリービジネス

第1節　在日コリアン企業家の経営実態

第1項　在日コリアン企業家の起業類型

　一般的に、日本に居住している在日コリアンは、「韓国籍」、「朝鮮籍」、「帰化者」、及び「ニューカマー」により構成されているが、本章では、韓国籍を有しながら日本に居住している韓国系企業経営者のことを「在日コリアン企業家」と称することにする。

　この在日コリアン企業家にみられる特徴としては、日本国内において企業経営上の制約を受けるという厳しい経営環境から事業を始めながらも、新しい事業分野に積極的に進出していく企業家精神を有していることが挙げられる[1]。

　そして、在日コリアン企業家のなかには、図表8-1に示すように、戦後に新しいビジネス分野に転業・独立した者が多いが、現在、2世・3世への世代交代も進展しており、企業型類型も「新独立型」、「新転業型」、及び「開拓型」が主流となっているのである。

　また、在日コリアン企業家の企業家精神を支えているのは、調査結果に拠れば、「前向きな思考と積極的な姿勢」(30.6%)、「独立と自尊」(27.8%)、「夢とビジョン」(12.5%) である[2]。つまり、調査結果からは、在日コリアン企業家が日本国内におけるマイノリティの立場から企業家精神を拠りどころとして企業

【図表 8-1】 在日コリアン企業家の起業類型

世代区分	起業類型		
在日コリアン1世	独立型		
	転業型	既存産業転業型	
		未知産業転業型	
		模倣転業型	
在日コリアン2世・3世	新独立型	伝統産業独立型	
		新産業独立型	
	新転業型	新模倣転業型	
		新未知産業転業型	
	開拓型		

(出所) 河明生著『マイノリティの起業家精神:在日韓人事例研究』(株式会社ITA、2003年)、及び林　永彦稿、「在日コリアン企業家の起業動機と企業類型化研究」立命館国際地域研究第28号（2008年）。

経営者への道を歩んだことが窺えるのである。

第2項　在日コリアン企業家とパチンコ産業の関連性

在日コリアン企業家は、パチンコ産業との関連性の深さについて指摘されることが多い。実際に、在日コリアン企業家が経営する企業は、図表8-2に示すように、パチンコ機械メーカー領域において、(株)三洋物産、平和、豊丸産業、及び(株)ニューギン等の在日企業が上位を占めており、業界のリーディングカンパニーとしての役割を果たしている。

逆に、パチンコホールでは、業界大手に在日コリアン企業家が存在しないが、これは、必ずしも中小・零細のパチンコホールを営んでいる在日コリアンの多さを否定するものではない。

実際、パチンコ産業に占める在日コリアンの割合は、大原社会問題研究所の調査結果に拠れば、「業種別分野では、パチンコ業が23.4%で一番高く、以降、

【図表 8-2】 所得ランキング上位 100 社内の在日企業

パチンコ機械メーカー					
1989 年		1997 年		2005 年	
業種	事務・娯楽機器等	業種	事務・娯楽機器等	業種	事務・娯楽機器等
順位	社名	順位	社名	順位	社名
2 位	平和	2 位	平和	6 位	(株)三洋物産
57 位	豊丸産業	5 位	(株)三洋物産	10 位	(株)平和
59 位	(株)ニューギン	10 位	豊丸産業	20 位	豊丸産業
62 位	(株)三洋物産	19 位	(株)ニューギン	46 位	(株)ニューギン
—	—	37 位	(株)三星	—	—

パチンコホール					
1989 年		1997 年		2005 年	
分類	パチンコ・遊園地他娯楽	分類	パチンコ・遊園地他娯楽	分類	遊技場
順位	社名	設立年度	順位	社名	設立年度	順位	社名	設立年度
73 位	南栄商事	1953 年	45 位	林商事	1970 年	31 位	北大	1980 年
91 位	北大阪振興	1988 年	82 位	(株)国際会館	1974 年	79 位	ジェイ商事	1994 年
—	—	—	90 位	(株)アイビー企画	1981 年	93 位	(株)第一実業	1982 年

(出所) 韓 載香著、『パチンコ産業と在日韓国朝鮮人企業』(東京大学 21 世紀 COE・ものづくり経営研究センター、2007 年) 5-6 頁を基に作成。

不動産・金融業 (21.9%)、飲食・宿泊業 (16.4%)、IT 関連産業 (7.8%)、土木・建設業 (7%)、旅行・出版業 (7%)、貿易業 (3.9%)、繊維・衣類産業 (1.6%)、金属・合金産業 (1.6%)、電気・電子産業 (0.8%)、楽器・家具業 (0.8%)、その他 (7.8%) の順であり」、そして「他業種と兼業する場合は少なく、単独の業種に集中し、年間売上額が 1 億円未満の零細自営業を運営する企業家が多い」と説明されており、パチンコ産業における在日コリアンの存在の大きさが窺えるのである[3]。

 また、在日コリアン企業家が、パチンコ産業の担い手となった理由としては、情報の共有化と独占化が考えられる。パチンコ産業では、「全国に跨る市

場基盤において、在日コミュニティ内に再生産される情報が直接的な競争を生み出さないかたちで共有され、蓄積されていた」[4]のである。

　つまり、韓国社会では、父系血縁組織としての「門中」とそれを母体として形成される「宗親会」が深く根ずくと共に、コミュニティ内に閉鎖的な血縁関係及び地縁関係を前提とする固定的な社会構造を形成するが、当然、この風潮は、在日コミュニティ内でも継承されることになり、パチンコ産業における在日コリアン企業家の優位性を高める一因になったと推測できる。

　そして、パチンコ産業のなかでも、特にパチンコホール事業を積極的に支援した存在が、信用組合大阪興銀（以下、「大阪興銀」とする）に代表される在日韓国系信用組合の存在である。例えば、大阪興銀は、1955（昭和30）年に、発起人73人・組合員340名・出資金1,853万3,500円で事業を開始するが、パチンコホール事業の収益性の高さに着目して積極的に資金援助を行うことにより、逆に、大阪興銀自身も潤沢な資金を確保することになった。

　つまり、大阪興銀は、韓国人による韓国人のための金融機関であり、「戦後、裸一貫から再出発した在日コリアン企業家たちが築いた成果であり、在日コリアンの経済環境変遷の縮図ともいえる」[5]のである。その後、大阪興銀は、在日コリアン企業家に対する経済的支援に留まらず、韓国の新韓銀行の設立に参画し、韓国金融業界にも大きな影響を及ぼす存在に成長する[6]。

第3項　パチンコ税導入がパチンコ産業に与える影響

　平成12（2000）年に施行された地方分権一括法による地方税法の改正に伴い、東京都税制調査会は、「大型ディーゼル車高速道路利用税」、「産業廃棄物税」、「ホテル税」、及び「パチンコ税」の導入の可能性を答申し、石原慎太郎東京都知事（当時）はその答申を受けて「法定外税」の検討を行った。ただし、石原構想では「パチンコ税」の導入が見送られ、平成14（2002）年に、「ホテル税」だけが導入されている[7]。

平成 28（2016）年、自民党税制調査会は、「パチンコ税」の導入を見送る方針を発表したが、税率 1% に対して年間 2,000 億円の収入（試算）を確保できる「パチンコ税」は、「消費税」と共に魅力的な財源であり、そのため、「パチンコ税」導入の可能性は依然として高いのである。

　ところで、パチンコ税が導入された場合には、パチンコ産業、特に、パチンコホール事業に対する影響が大きいと報道される。しかし、パチンコ税の課税標準は、パチンコ及びパチスロの換金額（特殊景品）であって、売上高（パチンコ店からの貸し玉）ではない。そのため、パチンコ税の導入は、消費者及び特殊景品の買取所に対して影響を及ぼすことになるが、パチンコ事業者が直接的に影響を受けることは少ない。

　また、パチンコ税に対しては 1% の税率では低いという見解も存在する。例えば、公営競技の競馬と民営娯楽のパチンコホール事業を同じ土俵で考察すべきではないが、中央競馬会は、平成 25（2013）年に、約 2.4 兆円の売上高に対して約 2,500 億円（約 10%）を国に納付しており、仮に、パチンコ税を 10% に設定したならば 2 兆円の税収を確保できることになる。

　現在、パチンコ依存症が社会問題化しており、パチンコ税の導入はパチンコ依存症者の減少に繋がる可能性あるという見解も存在する。実際、税制の整備が依存症の減少に繋がるという考え方は、酒税においても主張されており、例えば、スウェーデンでは、アルコール度数の高い酒類ほど酒税率が高く設定することにより、消費者の購買意欲を減退させようと試みている[8]。しかし、酒税を用いたアルコール政策の前提となる酒類需要に対する価格弾力性については、研究者によって見解が異なり、重度のアルコール飲酒者及び軽度のアルコール飲酒者は、中度のアルコール飲食者よりも価格に非弾力的であるという研究報告がある[9]。

　すなわち、酒税を用いたアルコール政策の前提となる酒類需要に対する価格弾力性については、研究者により調査内容及び調査結果が若干異なるが、酒税

を高率に設定することにより重度のアルコール飲食者に対する一定の歯止め効果を期待できるため、スウェーデンや米国では酒税を用いたアルコール政策が積極的に実施されているのである。

　もちろん、酒税とパチンコ税の導入成果を同一に論じることはできないが、パチンコ税の導入は、パチンコ依存者の増加抑制において一定の効果を期待することができる。

第2節　在日コリアン企業家の相続方法

第1項　韓国国際私法の改正と日韓の相続税法の相違点

　在日コリアン企業家の相続は、韓国国際私法を拠りどころとする。韓国国際私法は、1962年1月15日に制定・公布された韓国渉外私法を前身とするが、日本国国際私法を翻約したものにすぎないという批判を浴びてきた。そのため、2001年、韓国渉外私法から韓国国際私法への改正が行われ、相続の準拠法については、韓国国際私法第49条に規定されたのである。韓国国際私法第49条1項は、「相続は、死亡当時の被相続人の本国法による」と規定し、同条第2項は、「被相続人が遺言に適用される方式によって、明示的に次の各号の法律のいずれかを指定するときは、相続は、同条第1項の規定に拘らず、その法律による」と定める。

　つまり、日本に帰化していない在日コリアン企業家の相続は、韓国相続税法に基づいて相続税が算定される。韓国と日本では、相続税の課税方式が異なり、韓国が「遺産課税方式」を採用しているのに対し、日本は「法定相続分課税方式」を採用している。

　加えて、韓国と日本では、図表8-3に示すように、法定相続分においても相違点がある。例えば、日本の第一順位における配偶者の法定相続分が2分の1

【図表8-3】 韓国と日本の相続制度の相違点

区分＼項目	韓国	日本
特徴	・相続人の数による負担税額の変動はない。 ・相続税申告は相続人代表者によって行える。	・相続人の数によって負担税額が変動する。 ・相続税申告は相続人全員によって行われる。
課税方式	・賦課課税方式（自主申告制度併用）	・申告納税方式
課税対象者	・被相続人	・相続人
納税義務者	・相続人	・相続人
民法の適要	・被相続人が韓国籍ならば韓国民法の定めによって法定相続分が決まる。	・日本民法によって法定相続人が決まる。

区分＼法定相続人	韓国	日本
配偶者と直系卑属 （第1順位）	配偶者　1.5 直系卑属　1.0	配偶者　1/2 子　1/2 （子の相続人の数によって按分）
配偶者と直系尊属 （第2順位）	配偶者　1.5 直系卑属　1.0	配偶者　2/3 直系尊属　1/3 （直系尊属の相続人の数によって按分）
配偶者と兄弟姉妹	配偶者単独相続	配偶者　3/4 兄弟姉妹　1/4 （兄弟姉妹の相続人の数によって按分）
配偶者単独	全部	全部

(注) 韓国民法の法定相続分に係る改正（妻の相続分を5割増ではなく1/2とする改正を含む）は、法務部（省）に政府案として上程したようであるが、現在のところ未だ公布施行されていない。
(出所) 永田金司著、『韓国相続税実務詳解　日韓相続税法の交差』（法令出版、2014年）17・55ページを基に作成。

であるのに対して、韓国の第一順位における配偶者の相続分は直系卑属の5割増であり、そして、日本の第二順位における配偶者の法定相続分が3分の1であるのに対して、韓国の第二順位における配偶者の相続分は直系尊属の5割増である。

既述のように、韓国と日本の法定相続人及び法定相続分を比較した場合、韓国の相続では配偶者の相続を重視しているが、封建的な父兄血縁関係を重視している韓国社会において、配偶者の相続分が多いという点は注目すべきことである。

第2項　韓国家族観の形成と養子制度の変遷

永年、韓国社会は、儒教の影響を強く受けた独自の社会観を形成し、大家族制を背景とする「宗親会」、「家父長制」、及び「戸主制」を前提とする「戸主相続」が行われており、そして、同姓及び本貫（出身地）を同一とする父系血縁関係者間の婚姻も禁じられていた[10]。

平成11（1999）年9月25日・26日、慶応義塾大学地域研究センターで開催されたシンポジウム「〈血縁〉の再構築—東アジアにおける父系出自と同姓結合」において、漢民族を中心とした家族・親族を支える父系出自原理の存在である「同姓団体」が韓国、ベトナム、台湾、及び沖縄等の中国文化圏を形成する東アジア地域に及ぼした影響について報告されたが、韓国社会は、華人社会に窺えるようなビジネス上のネットワーク構築を目的として、同姓者の任意加入に基づいた流動的な社会構造というような柔軟性に富んだものではなく、閉鎖的な血縁及び地縁関係に基づく固定的な社会構造を形成していると報告されている[11]。

当然、この韓国社会の家族観は養子制度にも影響を与えた。養子制度は、有効な人的承継の手法であるが、韓国社会は封建的な父系血縁関係を重視し、伝統的な社会的身分と地位を示す「族譜」と「家門」の意識が強いため、この韓

【図表8-4】 韓国家族法の主たる改正

年	改正内容
1960年	・異性養子制度が廃止され、戸主制度と財産制度が分離された。
2000年	・同姓同本禁婚制度が確定した（1997年の韓国憲法裁判所の違憲判決を受けて）。
2005年	・家族法改正により戸主制度が全面的に廃止された。
2008年	・民法改正案が施行された。

国社会の家族観が養子制度にも強い影響を与えている。そのため、韓国では、父系血統の男子が先祖の祭祀を承継することを目的として、「養子縁組ハ男系ノ血族間ニノミ行ハレ男系ノ血族ハ常ニ同族ヲ称スルコトヲ以テ養子ハ依然トシテ本姓ヲ称ヘ之ヲ変更スルコトナシト雖モ常ニ養親ト同姓ヲ称スル」とする"同姓同本の血縁者養子縁組"が永年行われてきた[12]。

近年、韓国社会では、図表8-4に示すように、家族観が変化し血の繋がりを前提としない"異性の養子縁組"も容認され始めたが、この養子制度は、韓国社会のみならず在日コリアン企業家の人的承継においても有効な事業承継手法である。

第3節　在日コリアン企業家の承継事例

第1項　ロッテグループ創業家の承継争い

ロッテは、日本と韓国両国に跨って6兆円超の連結売上高を上げている企業グループであるが、創業者の重光武雄（辛格浩）は、在日コリアン企業家（在日コリアン1世）を象徴する代表的な存在である。重光武雄は、朝鮮慶尚南道蔚山郡に誕生して日本に留学するが、進駐軍のチューインガムに触発を受けてガムの製造を開始し、1948年に株式会社ロッテを設立する。現在、ロッテグ

ループは、図表8-5に示すように、ロッテホールディングス（日本国）とロッテ財閥（韓国）により構成されているが、ロッテ財閥を代表する企業としては、ロッテショッピング、ホテルロッテ、ロッテ製菓、及びロッテケミカル等が挙げられる。

　しかし、平成27（2015）年、ロッテグループでは、グループ総帥の座を巡り承継者争いが生じた。ロッテグループの承継争いは、図表8-5に示すように、複雑な持株構成が原因となっている。例えば、ロッテの中核企業であるロッテホールディングスの最大株主は非上場会社の「光潤社」であるが、この光潤社は重光一族に支配されている。

　つまり、ロッテグループは、図表9-1に示すように韓国10大財閥の一つであり、日韓両国の経済界に大きな影響を与える企業グループであるが、このような大企業が非上場会社を活用した創業家一族に経営支配されているのは、

【図表8-5】　ロッテグループの持株構成

```
            創業者
         重光武雄（辛格浩）
           ┌──┴──┐
   ロッテHD（日本）   ロッテ財閥（韓国）
   重光宏之（辛東主）   重光昭夫（辛東彬）
      ※長男             ※次男

            ロッテHD
     ┌────────┼────────┐
   従業員        光潤社         その他
   持株会      （最大株主）       の株主
              ※重光一族支配
```

コーポレート・ガバナンス（Corporate Governance）の視点から問題があると指摘できる。

また、将来的に、ロッテグループにおいて相続問題が発生した際には、非上場会社である「光潤社」の株式評価が事業承継上の重要な経営課題となることが予測されるのである。

第2項　MKグループ創業家の訴訟問題

MKグループ創業者の青木定雄（兪奉植）は、在日コリアン企業家（在日コリアン1世）である。青木定雄は、韓国の慶尚南道南海島に6人兄弟の3男として誕生するが、日本に留学し、昭和31（1956）年にガソリンスタンドの経営者として事業を開始する。

その後、青木は、ガソリンスタンドとの関連性の強いタクシー業界に進出し、MKグループを創業する。MKグループは、身体障害者優先乗車の導入や米軍GPS衛星の電波を利用した自動配車システムを導入するなど独創的な企業経営を行うことにより、図表8-6に示すように、バス・タクシー業界大手の一角を占める企業に成長する。

しかし、平成20（2008）年、MKグループの事業承継者の一人である青木政明（次男・東京エムケイ株式会社代表取締役社長）は、警視庁月島署に傷害容疑で書類送検され、平成23（2011）年、東京エムケイ株式会社の従業員から損害賠償の訴訟を起こされている。

また、MKグループでは、「企業内個人タクシー」の導入が原因となり『給料0円裁判』を生起させている。例えば、タクシー運転手の給与体系は、「売上・諸手当−必要経費＝給料」という計算式を採用しているため、売上が低い場合には、給料0円となるタクシー運転手も生まれることになる。逆に、MKグループは、人件費を抑制することにより事業リスクを回避し、タクシーの増車と利益獲得を実現することができる。

【図表8-6】 バス・タクシー業界のランキング（単位：百万円）

順位	企業名	売上高
1位	日本交通	63,064
2位	国際自動車	58,289
3位	第一交通産業	51,053
4位	飛鳥交通	15,782
5位	MK	12,763
6位	京王自動車	11,549
7位	名鉄自動車	8,940
8位	大和自動車交通	8,674
9位	平和交通	7,880
10位	阪急タクシー	7,268

（出所）M&Aキャピタルパートナーズ　http://www.ma-cp.com/gyouc/52.html

　ただし、このMKグループの経営手法は、「①MKリース制は、超累進歩合であり労働基準局通達違反に該当するのではないか、②MKの労使契約は、実質的に道路運送法違反の名義貸しに該当するのではないか」という批判を受けている[13]。

　さらに、平成18（2006）年、青木定雄が会長を務める近畿産業信用組合（在日韓国人系信用組合）は、MKグループに対して行っている融資が不透明であるとの指摘を金融庁から受けた。また、平成25（2013）年、近畿産業信用組合は、青木定雄を会長職から解任しているが、この青木定雄会長の解任を受けて、MKグループは近畿産業信用組合からの金融融資を受けることが難しくなり、MKグループの企業経営にも影響を与えることになった。

　つまり、在日コリアン企業家の代表的な存在であるMKグループを巡る訴訟問題は、企業経営における「人的承継」と「コーポレート・ガバナンス」の重要性を明示しているのである。

注
(1) Bonacich, Edna (1973), A Theory of Middleman Minorities *American Sociological Review*, Vol. 38, pp 583-594.
(2) 林　永彦稿「在日コリアン企業家の経営活動とネットワークの展望」大原社会問題研究所雑誌 No. 588（2007年）49ページ。
(3) 林　前掲稿、45・47-48ページ。
(4) 韓　載香稿「パチンコ産業と在日韓国朝鮮人企業」（東京大学21世紀COE・ものづくり経営研究センター、2007年）24ページ。
(5) 梁　京姫稿「在日韓国人企業家が韓国の金融業界に及ぼした影響」現代韓国朝鮮研究（2009年）18ページ。
(6) 大阪興銀は、1970（昭和45）年に総預金額1億円を達成し、1978（昭和53）年に総預金額1,000億円に達した。また、大阪興銀は、大和銀行での研修を修了した5人の職員を新韓銀行の設立事務局に入れ、在日韓国人が100％出資した新韓銀行の設立にも参画している。その後、新韓銀行は、2006年に、グループ利益が2兆ウォンを超え時価総額においても韓国首位の金融機関に成長しているのである。
　　　（出所）『大阪興銀三十年史』（1987年）参照。
(7) 法定外税は、地方団体が独自に条例で定めることが容認されている税金のことであり、使途が制限されている「法定外普通税」と、使途が制限されていない「法定外目的税」とに大別される。
(8) Alcohol Policy in the Nordic Countries (2004), Document for the meeting between the Nordic Ministers of Health and Social Affairs in Copenhagen, pp. 5-6.
(9) Willard G. Manning et al (1995), The demand for alcohol：The differential response to price, *Journal of Health Economics*, vol. 14 iss. 2, pp. 123-148.
(10) 韓国の姓は、三国時代（高句麗・新羅・百済）から継承されているものが多く約270姓を数えるが、このうち五大性（金・朴・李・崔・鄭）が全体の約50％を占め、約25の姓で人口全体の約90％を占めているため、同姓と本貫（出身地）を同一とする父系血縁関係者間の婚姻は認められていなかった。
(11) この血縁及び地縁関係に基づく韓国社会の家族観も変化の兆しを見せ始めており、1995年の時点で、7人以上の大家族の世帯数は32.9％から0.9％へと減少し、1人から4人の核家族の世帯数は35.9％から86.6％へと増加している。
　　　（出所）吉原和男・鈴木正崇・末成道男編著『「〈血縁〉の再構築―東アジアにおける父系出自と同姓結合」』（慶応義塾大学地域研究センター叢書、2000年）及び、金　疇洙稿、「韓国における家族の現状と家族法の動向」山中美由紀編著『変貌する家族：比較・文化・ジェンダー』（昭和堂、2004年）に詳しい。

(12) 同姓同本の血縁者養子縁組の事例としては、同父兄弟ノ子（男）、其他男系ノ血統タル従兄弟、再従兄弟、三従兄弟、四従兄弟等の子（男）が考えられる。
　　（出所）朝鮮総督府編著「慣習調査報告書」（1912年）275・320・326ページ。
(13) 2009（平成21）年、穀田恵二衆議院議員は、衆議院国土交通委員会においてMKグループを批判した。

第9章
韓国財閥のファミリービジネス

第1節　韓国財閥の形成と経営破綻

　2012年、韓国経済の成長率は2%にとどまり、輸出額も2009年以来の前年割れの状態となったが、この韓国経済において重要な位置を占めているのが「財閥」の存在である。2014年時点で、韓国公正取引委員会（Korea Fair Trade Commission）の調査に拠れば、韓国には図表9-1に示すような財閥が存在しているが、この韓国財閥については、「戦前からの民族系企業や帰属財産（戦後朝鮮半島に残された日本の独占資本による企業・事業）に起源を持ち、高度成長下で国の支援を受けながら形成され、資産総額が5兆ウォン以上の同族経営や多角経営を特徴としている企業集団のことである」[(1)]と定義できる。

　ただし、この韓国財閥に対しては典型的なファミリービジネスであり、後進的な家族経営であるという批判があり、韓国財閥の財閥総帥が引き起こす不祥事についても批判が多い。

　つまり、韓国財閥は、婚縁により二重三重の血縁関係を構築し、創業家ファミリーによる同族経営やトップダウン型のマネジメントを採用することにより1960年代から1970年代にかけて韓国経済の発展に寄与するが、一方で、「財閥グループへの経済力集中が進み、財閥グループの事業拡張によって中小企業の経営が圧迫されている」[(2)]という問題点も指摘されている。また、韓国財閥で発生した脱税や粉飾決算等の税務事件は、韓国社会において社会問題化し、

【図表 9-1】 韓国企業グループ資産ランキング〈2014 年度・韓国公正取引委員会資料〉

(単位：兆ウォン)

順位	企業集団	資産規模	順位	企業集団	資産規模
1位	サムソン	331	16位	KT	35
2位	韓国電力公社	187	17位	斗山	30
3位	現代自動車	181	18位	韓国水資源公社	26
4位	韓国土地住宅公社	174	19位	新世界	25
5位	SK	145	20位	CJ	24
6位	LG	102	21位	韓国石油公社	23
7位	ロッテ	92	22位	韓国鉄道公社	22
8位	ポスコ	84	23位	LS	20
9位	現代重工業	58	24位	大宇造船海洋	18
10位	GS	58	25位	錦湖アシアナ	18
11位	韓国道路公社	54	26位	東部	18
12位	韓国ガス公社	42	27位	大林	16
13位	農協	41	28位	富栄	16
14位	韓進	40	29位	現代	14
15位	ハンファ	37	30位	OCI	12

(出所) http://ranking.quest-seek.com/economy/2014-04-01-korea-resources.html

刑事告訴される財閥総帥も出現しているのである。しかし、財閥総帥は、図表 9-2 に示すような税務事件を犯しながらも失脚することなく刑事告訴後に短期間で社会復帰を果たしている。そのため、財閥総帥は、他の財閥や政治家及び官僚との間で婚縁によるインフォーマル・ネットワーク（以下、「婚縁ネットワーク」とする）を構築することにより、ファミリービジネスの基盤を強固なものにしているのではないかと推測できるのである。

また、韓国財閥のファミリービジネスの特徴としては、財閥総帥の地位を巡って財閥の構成員であるファミリー内部での争いも挙げられる。韓国財閥を

【図表9-2】　韓国財閥の税務事件と経営破綻

発生年	財閥名	犯罪内容
2003年	SKグループ	SK株式会社会長が、特別経済犯罪加重処罰法の背任容疑で検察庁に起訴され、SKグループ（現SKネットワーク）が粉飾決算の容疑で告発された。
2012年	韓火グループ	韓火グループ会長が背任や横領等の経済犯罪により、懲役4年、罰金51億ウォンの実刑判決を受けた。
	熊津グループ	熊津グループは、積極的なM&Aに失敗して経営破綻した。
2013年	CJグループ	CJグループ会長は、租税回避地を活用した秘密資金運用による脱税の容疑でソウル中央地検の調査を受けた。
	東洋グループ	東洋グループの関連会社5社が法定管理（会社更生法）の申請手続きを行った。
	STXグループ	STXグループは、ウォン高の影響を受けて経営破綻し、銀行管理下に入った。
2016年	ロッテグループ	ロッテグループ創業家は、6,000億ウォンの脱税疑惑、及びロッテ建設の約500億ウォン台の秘密資金疑惑で韓国検察の調査を受けた。加えて、韓国公正取引委員会からも系列会社の株式保有報告書に虚偽があると指摘されている。
	韓進グループ	韓進グループの経営傘下にある韓国最大の海運会社である韓進海運が経営破綻した。

代表する、サムソングループ及び現代グループでは、儒家思想に基づく長子単独相続を原則とする韓国社会において、敢えて長子以外の者が財閥総帥の地位を承継することによって人的承継を複雑なものにした。

最近では、2015年、ロッテグループにおいて、8章で述べた、財閥の創業家ファミリーによる人的承継争いが発生している。

なお、ロッテグループは、他の韓国財閥が財閥二世・三世による世襲経営を進展させているなかで、創業者自身が企業経営の現役に留まりながら、日本と韓国両国に跨って連結売上高6兆円超の巨大企業グループを築いている点で稀有の存在の韓国財閥であった。

第2節　韓国財閥が関与した税務事件

第1項　SKグループの人的承継と韓国版エンロン事件

　韓国財閥のオーナー経営者は、公的資金の私的使用及び不正会計に対する倫理観が希薄でり、事業経営における賄賂の収受についても寛容でビジネス慣習として必要であると判断すれば受け入れる傾向があると指摘されている[3]。この韓国社会の経営環境が、韓国財閥が関与した税務事件を生み出す土壌となり、SKグループによる税務事件が発生するのである。

　SKグループは、創業者の崔鐘建が、1953年に鮮京織物を母体企業として設立した繊維メーカーであり、その後、鮮京（1976年）、SK商事〈1998年〉、及びSKグローバル（2000年）と社名を変更している。また、SKグループは、M&A（merger & acquisition）を駆使して多角化を図り事業規模を拡大してきた財閥である。例えば、SKグループは、1969年に鮮京合繊を設立して化繊事業分野に進出し、1973年に鮮京石油を設立し、そして、1980年に大韓石油公社の払い下げを受け化学・石油事業分野に進出し、さらに、1994年に国営の韓国移動通信の払い下げをうけてSKテレコムと名称改称し、1997年に大韓テレコムをM&Aして携帯通信電話事業分野へ進出したのである。現在、SKグループは、SK（旧　鮮京）、SKイノベーション、SKエナジー、SKテレコム、SK総合化学、SKケミカル、SK建設、SK証券、及びSK海運等により構成されている。そして、SKグループの財閥総帥の座は、創業者の崔鐘建から崔鐘賢（崔鐘建の弟）、崔泰源（崔鐘賢の長男）へと人的承継されている。

　ところで、SKグループは数々の税務事件を生起させており、2003年、SK株式会社会長の崔泰源は、特定経済犯罪加重処罰法の背任容疑で検察庁に起訴されている。そして、SKグローバル（現　SKネットワーク）は、約1兆5,000

億円（2001年度決算）の粉飾決算を行った容疑で検察庁に告発されている。つまり、崔泰源は、ウォーカーヒル・ホテル株（非上場株式）と、SKC&C株（上場株式）を交換する際に、取引相場のない株式を不当に高く評価して約950億ウォンの不当利益を獲得し、加えて、SKグローバルの利益を水増しするなどの粉飾決算を行ったという容疑によりソウル地方検察局に起訴され、懲役三年間の実刑判決（一審）を受けているのである。

このSKグループが起こした税務事件は、財閥のファミリービジネスに対する不信感を高めることになり、国民の間に韓国財閥に対して財務改革を求める声を高めたのである。

しかしながら、崔ファミリーは、韓国の政界、財界及びマスコミ界に巨大な婚縁ネットワークを構築しているため、この婚縁ネットワークを活用し保釈金一億ウォンを支払い、短期間で財閥グループの会長職への復帰を果たしたのではないかと推測できる[4]。

第2項　サムソン・CJグループの人的承継と秘密資金運用

サムソングループは、1938年に、李秉喆が大邱に設立した三星商会を母体とする。その後、サムソングループは、製糖、繊維、機械、化学、電子、航空、船舶製作、海運、及び金融等、多方面に渡って事業を多角化させ、韓国財閥を代表する存在に発展した。このサムソングループは、韓国三大財閥のなかでも、創業者ファミリーの経営権が強い企業集団であるが、初代創業者である李秉喆が1987年に死去したことにより、サムソングループの企業経営権は、2代目グループ総帥の李健熙に承継されている[5]。

しかしながら、儒家思想に基づく長子単独相続を原則とする韓国社会において、儒家の家系であるのにもかかわらず、創業者である李秉喆の長子ではなく第三子である李健熙が二代目グループ総帥を継承したことは異例なことであり財閥分裂という事態を招いた。

一方、CJグループは、サムソングループが初めて設立した製造業である「第一製糖」をその母体として、図表9-3に示すように、サムソングループの後継者選定から漏れた長子の李猛熙が分離独立した財閥グループである。このCJグループも税務事件を引き起こしている。例えば、2013年、CJグループ会長の李在賢は、ソウル中央地検特捜二部の調査を受けている。李在賢は、タックス・ヘイブン（Tax Haven）に法人を設立し、約2,000億ウォンの秘密資金を作り、その秘密資金を運用することによって得た株式売却益を脱税した容疑をかけられ、さらに、海外法人との内部取引代金のうち約1,000億ウォンを不正流用した件も問題となった。

【図表9-3】　サムソン・CJグループの人的承継

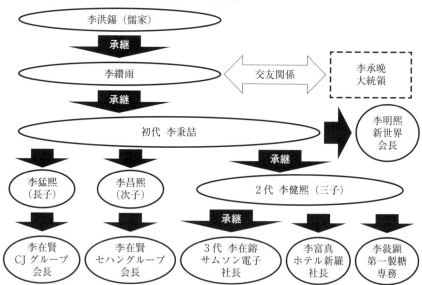

第3節　韓国財閥の人的承継の明暗

第1項　LGグループの人的承継と正道経営

　韓国財閥の人的承継の成功事例としては、「LGグループ」の存在が挙げられる。従来、LGグループは、「ラッキー金星」グループと称していたが、現在は、「ラッキー（Lucky）」と「金星（Geumseong）」の頭文字を取って、「LGグループ」と称している。

　このLGグループは、創業者である具仁會が、1931年に弟の具哲會と共に具仁會商会を設立したことに始まる。その後、1947年に、具仁會は、具哲會と親族の許準九（具哲會の婿）の3人で化粧品製造業の樂喜化学工業社（現・LG化学）を設立する。

　つまり、LGグループは、図表9-4に示すように、具一族と許一族の共同経営により運営されることになる。また、LGグループは、サムソングループや現代グループと異なり、事業承継者争いを未然に防ぐことを目的として、儒教思想にもとづく長子承継を明確にし、"人和団結主義"及び"人間尊重主義"を経営理念に掲げ、企業倫理を遵守するという"正道経営"を行っているのである。正道経営とは、「倫理経営を基盤とし根気強く実力を伸ばし、正々堂々と勝負する行動指針のことであるが、単純に倫理経営だけを意味することではなく本当の意味の正道経営を倫理経営から一歩進み、競争で勝てる実力を土台とし、実力的な成長を創出することを意味している」と説明される[6]。

　また、LGグループは、韓国財閥において他の財閥グループに先駆けて第三世代に人的承継を行った財閥でもある。このLGグループの特徴としては、前述したように、具家と許家の二家による共同経営が挙げられる。しかしながら、LGグループにおいても、創業者一族に対して系列企業を分与することに

【図表 9-4】 LG グループの事業承継

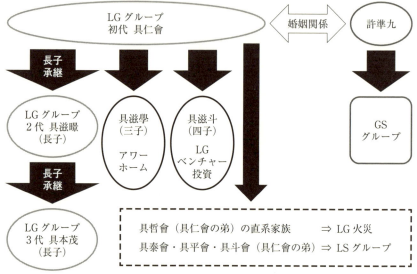

　よる緩やかな財閥分割が進行し始めている。例えば、1999年には、LGグループの創業に貢献した具哲會（具仁會の弟）の直系家族に対してLG火災が分与され、2000年には、具滋學（具仁會の三男）にアワホームが分与され、同じく、具滋斗（具仁會の四男）にLGベンチャー投資が分与され、さらに、2003年には、具仁會の弟達である具泰會、具平會及び具斗會に「LSグループ」を創設させ、そして、2004年には、許家に「GSグループ」を創設させることにより、具家と許家という二家による共同支配体制が終了したのである。

　ファミリー経営を最優先するする「LGグループ」が財閥分割を実施した理由としては、「何世代にもわたる家族構成員が一体となって経営を続けることが限界に直面したことにあるとみられる。韓国財閥の世代間継承は、子弟間で分割相続されることが一般的であるが、LGグループは例外的に世代を超えて多くの家族構成員が少しずつ株式を保有し、かつ経営に参与することにより一

体性を維持してきた。しかし、グループ会長はすでに第三世代に入っており、場合によっては経営に参加している両家の親同士が四親等、五親等離れるケースも生じていた。家族概念が日本よりも広い韓国とはいえ、これだけ離れると家族としての一体感は希薄となり、共同で経営していくことに困難も生じてきた」[7]ことが挙げられる。

つまり、財閥の創業者一族も世代交代を重ねるに従い血縁関係が希薄となりLGグループが掲げる"人和団結主義"という経営理念を実現するためには、現代グループのように一族間の対立によって財閥解体が急速に進行するよりも、自らの意思で系列企業を創業者一族に分与するという緩やかな財閥分割を選択したのである。

また、具家と許家の共同経営は、「両家から100人以上の理事が誕生するという事態を生み出しており、トップ人事が停滞するという経営上の問題点を生み出しており」、トップ人事の活性化を図るということもLGグループが創業者一族に対する財産分与を行った理由の一つとして挙げられる[8]。

現在、LGグループは、他の韓国財閥とは異なり、婚縁ネットワークを活かして自らのグループの利益を図ることを控え、脱税や粉飾決算と一線を画して"正道経営"を行っている。

なお、LGグループは、既存の化学部門及び電子電気事業部門から流通部門、金融部門及び情報通信部門へと事業内容を展開したが、他の韓国財閥と比較すると多角化には慎重な姿勢を示し「持株会社制度」を導入することにより安定した企業経営を行っているのである[9]。

第2項　現代グループの人的承継と財閥分裂

現代グループは、鄭周泳が1946年に現代自動車工業社を設立し、1947年に現代土建社（現・現代建設）を設立したことに始まり、その後、「現代自動車」、「現代建設」、及び「現代重工業」をグループ経営の主柱として韓国財閥を代表

する存在に成長していく。

　この現代グループを支えたのは、鄭仁永（次弟）や鄭世永（四弟）等の弟である。例えば、鄭仁永は現代グループ会社の社長職を経て、漢拏グループ（1997年にグループ分解）を設立し、鄭世永は現代自動車の会長職を務め、現代グループの発展に寄与しているのである。

　また、現代グループは、一族の団結力の高い企業集団であったが、現代グループの人的承継を巡って一族が分裂することになる。現代グループの分裂は、創業者である鄭周泳が現代グループの事業承継者として長子の死後、鄭夢九（次子）ではなく、鄭夢憲（五子）を選択したことに端を発する。長子死亡後、儒教思想の強い韓国社会において、現代財閥の総帥の座に就くべきは、次子の鄭夢九であるべきなのにもかかわらず、創業者の鄭周泳が五子の鄭夢憲を事業承継者に指名したことにより現代グループは分割することになる。

　そして、鄭周泳の死後、鄭夢準（六子）が「現代重工業グループ」を現代グループから独立させたことに伴い、現代グループは、図表9-5に示すように、鄭夢憲の「現代グループ」、鄭夢九の「現代自動車グループ」、及び鄭夢準の

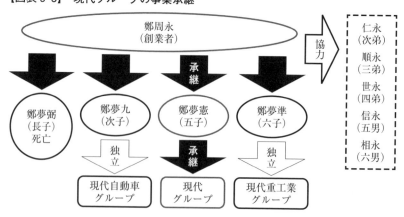

【図表9-5】　現代グループの事業承継

「現代重工業グループ」に三分裂した。

　現在、現代グループの企業経営は必ずしも順調に成長しているとはいえない。この現代グループの企業経営を圧迫した事件としては、「金剛山観光事業」の挫折が挙げられる。1998年、鄭周泳は、北朝鮮の金正日総書記と会談し金剛山観光開発の独占的権利を取得すると共に、金剛山一帯を特別経済区に指定し、研究開発団地を造成することに成功する。しかし、現代グループは金剛山開発から僅か二年間で2,900億ウォンの赤字を計上し、金剛山観光事業は失敗に終わり、現代グループの安定した企業経営を圧迫したのである[10]。

　また、2000年、現代グループの中核企業である大手ゼネコン「現代建設」の経営危機が叫ばれ、韓国政府の要請により債権者の銀行団が現代建設に対して4,000億ウォンの緊急融資を行っている。この他、2002年、現代電子産業（2001年、ハイニックス半導体に社名変更する）が過大な債務超過に陥り現代グループから離脱している。

　その後、現代グループは、鄭夢憲の自殺を受けて夫人の玄貞恩が現代グループの後継者となり財閥の再建を目指すが、現代グループの一員である「現代商船」が大赤字に陥り「現代証券」も売却されることになる。そして、現代証券の売却の際に、玄貞恩ファミリーが行っていたペーパー会社を活用したリースを巡る不正事件が発覚しており、現代グループの経営基盤は必ずしも盤石な状態とはいえない。

　つまり、財閥経営では、財閥総帥の経営判断によって経営方針が決定されるため、財閥総帥が誤った経営判断をした場合には、財閥経営に多大な影響を与えることになるのである。

第3項　その他の中堅財閥の人的承継

　斗山グループは、1896年に創業した約100年の歴史を有する韓国を代表する財閥である。この斗山グループの創業は、創業者の朴承稷が化粧品事業等を

興したことに始まるが、その後、斗山グループは、後継者（長男）の朴斗秉が、昭和麒麟麦酒（麒麟麦酒が、植民地支配時代に韓国に設立した現地法人）を買収し、東洋ビール（OBビール）を設立したことにより飛躍的に成長する。しかし、斗山グループは1990年代になると事業転換を行い、インフラ関連事業へと事業転換を行うのである。ところで、斗山グループは、朴斗秉の後継を五人の子息が継承するが、斗山グループが巨大財閥へと成長していく段階で、創業家ファミリーによる事業承継争いが生起し、現在は、朴斗秉の五男が財閥総帥の座についている。

一方、錦湖アシアナグループは、創業者の朴仁天が、バス会社及びタクシー会社等の事業を興したことに始まり、その後、アシアナ航空等を設立して飛躍的に成長するのである。しかし、錦湖アシアナグループにおいても創業家ファミリーによる事業承継争いが生起し、事業解体の危機に見舞われるのである。

つまり、韓国財閥は、サムソングループ、現代グループ、LGグループ、及びロッテグループ等の大財閥に限らず、斗山グループ及び錦湖アシアナグループ等の中堅財閥においても、創業者一族による事業承継争いが発生しており、韓国財閥のファミリービジネスにおける「人的承継」の難しさが窺えるのである。

第4節　韓国財閥の婚縁ネットワーク

一般的に、韓国のインフォーマル・ネットワークとしては、陸軍士官学校、ソウル大学、延世大学、及び高麗大学等の出身者を対象とする「学縁（学閥）」が周知されているが、韓国財閥の創業者のなかには、日本及びアメリカに留学した者も少なくない[11]。

しかしながら、学縁（学閥）は、財閥創業家のインフォーマルネットワークというよりは、政治家、官僚、及び財界人等のホワイトカラーにおけるイン

フォーマル・ネットワークという性格が強い。この他、「地縁」も有力なインフォーマル・ネットワークであり、韓国財閥創業者は、慶尚南道出身者（サムソン・LG・ロッテ）と京畿道出身者（韓進・斗山・SK）が多数を占める。

既述したように、韓国財閥は、その誕生時点から現職の大統領（政府）との関係が強く、図表9-6に示すように、婚縁ネットワークを形成することにより、政治家及び官僚との結びつきを一層強めているのである。例えば、現代グループは、婚姻関係にある豊山グループを介して朴正熙元大統領や前ソウル市長との間で婚姻関係を結んでいる。同様に、三星グループは、京畿道知事やソウル市長と婚姻関係を結ぶと共に、子女をLGグループに嫁がせることによりLGグループの婚姻関係を活用し朴正熙大統領との間で婚縁ネットワークを形成している。

つまり、韓国財閥の代表的な存在である「サムソングループ」「現代グルー

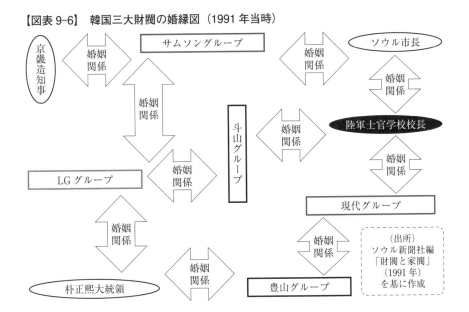

【図表9-6】 韓国三大財閥の婚縁図（1991年当時）

プ」、及び「LGグループ」は、広範囲に及ぶ婚縁ネットワークを形成しているのである。

また、韓国財閥が形成されるうえで、旧満州国軍軍官学校出身者及び韓国陸軍士官学校出身者（以下、「陸士」とする）を中心とした朴正熙軍事政権が果たした役割も大きい。なぜならば、現在の韓国財閥は、朴正熙政権による「政府の支払保証制度」を基盤として海外借款を導入したことにより企業規模を伸長させたからである。

なお、韓国の軍事政権は、図表9-7に示すように、朴正熙（陸士2期）政権以後も、崔圭夏政権、全斗煥（陸士11期）政権及び、盧泰愚（陸士11期）政権へと順次承継され、韓国の財閥形成と政治・経済の発展に多大な影響を及ぼしている。

また、崔圭夏大統領以外は、韓国陸軍士官学校出身者が歴代韓国大統領の座を占めていることからも、韓国財閥は学縁ネットワーク及び婚縁ネットワークを活用して陸軍士官学校出身者との関係強化を図ったと推測できるのである。

【図表9-7】 陸軍士官学校出身の大統領

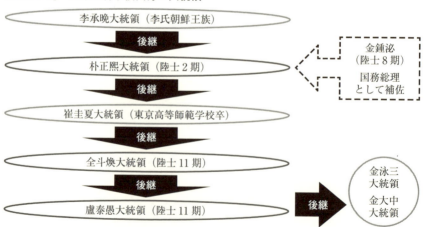

第5節　韓国財閥と香港財閥の比較

第1項　韓国財閥と香港財閥の類似点・相違点

　韓国財閥と香港財閥は、ファミリービジネスにおける所有と経営において類似点と相違点を有する。香港を代表する財閥は、「長江実業」、「新鴻基（サンホンカン）」、「恒基地産（ヘンダーソンランド）」、及び「新世界集団（ニューワールド）」の四グループである。

　長江実業は、図表9-8に示すように、中国広東省潮州に生まれた李嘉誠により設立され、投資持株会社の下、不動産、エネルギー、通信、小売、及び港湾等を有する香港最大の財閥に成長している。現在、長江実業は、創業者・李嘉誠の長男である李沢炬を後継者に指名し人的承継に備えているが、韓国財閥のような創業家ファミリーによる事業承継争いは生じていない。

　また、香港財閥の特徴としては、図表9-9に示すように、「信託会社」、「持株会社」、及び「投資会社」というプライベートカンパニーを用いた創業家ファミリーによるグループの経営権の支配が挙げられる。そして、このプライベートカンパニーを活用するメリットとしては、創業家ファミリーの株式が分

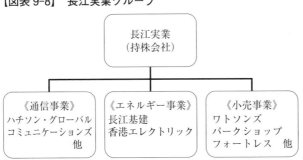

【図表9-8】　長江実業グループ

【図表9-9】 香港財閥のプライベートカンパニーを活用した創業家支配

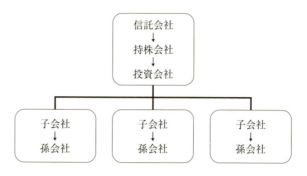

グループ	創業者	持株会社	所有率	〈備考〉系列グループ
長江実業	李 嘉誠	長江実業	33.32%	和記黄浦
新鴻基	郭 炳湘	新鴻基地産	43.81%	―
恒基地産	李 兆基	恒基地産	64.47%	―
新世界集団	鄭 裕彤	新世界発展	38.37%	周大福

(出所) 上原美鈴稿、「香港ファミリービジネスの継承と所有・経営」『中国経営管理研究』第5号（中国経営管理学会、2005年）、33・37ページを基に作成。

散することを防ぐ機能を有していることが挙げられる。

　一方、韓国財閥のLGグループも「持株会社制度」を採用し、儒教思想に基づく長子承継を明確にし安定した企業経営を行っている。長江実業とLGグループの両社は、長子承継を前提とする人的承継と持株会社の採用等の面で類似性を有しているが、事業展開において積極的に多角化を行っている長江実業と、事業の多角化に対して消極的なLGグループでは企業経営の面で異なっている。

　また、韓国財閥は、財閥誕生の経緯から大統領及び政府との関係（結びつき）が強く、歴代の大統領の支援により事業規模を拡大させ、加えて、大統領や政治家との間で婚縁ネットワークを形成・活用することにより発展・成長してきた。

一方、香港財閥においても、香港政庁との関係が重要な位置を占めていることは韓国財閥ケースと同一である。しかし、香港政庁は、「華資の台頭を妨げることなく、華資の成長に合せて英資と同様に華資を利益共同体の一員に迎え入れており、返還後、中国政府も華資に香港政治を委ねると共に、行政長官や行政会議の多数を財界出身者に担わせたため、政府が財界の支配下にある」[12]という方針を採用しており、韓国財閥と大統領及び政府の関係（結びつき）と香港財閥と香港政庁の関係（結びつき）は若干異なるのである。

第2項　韓国財閥の人的承継の特異性

本章では、韓国財閥のファミリービジネスにおける人的承継について考察したが、「韓国財閥の多くは、ファミリー企業に由来するものであり、リーダーたる総帥とその親族や系列会社が有力株主で、グループ内の複雑な株式保有関係と多角化した事業分野への進出が典型的な特徴である」[13]と評される。

この韓国財閥の特徴としては、婚姻ネットワークの形成が挙げられる。つまり、韓国財閥は、財閥誕生の経緯から大統領（政府）との結びつきが強く、歴代大統領の支援により事業規模を拡大させ、婚縁を効果的に活用して大統領との間に婚縁ネットワークを形成した。例えば、韓国財閥の基盤は、李承晩政府によって日本人が所有していた「帰属財産」が韓国政府に対して引き渡されたことにより形成されるが、「帰属財産」は、当時の南韓総資産の約80％を占める莫大な資産であった[14]。

しかしながら、李承晩政府との親密度を基準にして「帰属財産」が払い下げられたため、払い下げの過程で政治的利権行為が介入しごく少数の特恵階級を生み出すことになり、健全な資本主義の形成には貢献しなかったのである[15]。

つまり、政府との癒着によって「帰属財産」の分配が決定されたという事実は、その後の財閥形成においても大きな影響を与えることになり、婚縁ネットワークを形成する原因となったのである。

また、韓国財閥のファミリービジネスにおける第二の転機は、1961 年の軍事クーデターによって誕生した朴正熙政権時代に訪れる。朴正熙政権は、1962 年以来、第 1 次から第 4 次の「経済開発 5 か年計画」を実施するが、第 1 次及び第 2 次の経済開発計画時に、少数の特定財閥のみを対象として各種の特恵金融措置を講じるともに、重化学工業及び総合貿易会社に対する政府支援を行った。つまり、朴正熙政権は、民間企業の海外借款の導入に対して、「政府の支払保証制度」を設けることにより支援を行ったが、この財閥と大統領（政府）との親密な関係は、大統領が替わっても継続されることになる。

　さらに、婚縁ネットワークは、ビジネスにおいて活用されるだけではなく、韓国財閥における脱税や粉飾決算などの税務事件が発覚した際に財閥の保身のために利用された可能性がある。そのため、韓国財閥のファミリービジネスに対しては、国民からの批判も多く、新大統領に就任した朴　槿恵新大統領は、2013 年に「これまでの政治権力と財閥との癒着関係を断ち切るために、大統領の側近・親族の不正根絶、検察、警察、国税庁、金融監督院などの改革を進めていく」[16] と明言しているのである。

　すなわち、韓国財閥が将来的に韓国経済のなかで主体的な役割を担い続けるためには、婚縁ネットワークを活用した政治システムとの係わりを見直し、企業倫理に基づく企業経営を実践しながらコーポレート・ガバナンス（Corporate Governance）を確立することが求められるのである。

注
(1) 三井物産研究所編「朴　槿恵政権が発足した韓国」戦略研究レポート」（2013 年 4 月）10 ページ。
(2) 向山英彦稿「どう変わる韓国新政権下の経済政策と対日経済関係」環境太平洋ビジネス情報 RIM（2013 年）vol. 13、No. 48、7 ページ。
(3) Chong Yeong Lee, Hideki Yoshihara, Business Ethics of Korean and Japanese Managers, *Journal of Business Ethics*, Vol 16, 7-21.

(4) 崔泰源は、盧泰愚元大統領の娘婿であり、SKグループは、婚縁によって調達庁（長官）、思想界（顧問）、中小企業銀行（専務）、中央情報部（部長）、漢陽大学（理事長・総長）、ソウル大学（教授）等と婚姻ネットワークを構築している。
（出所）ソウル新聞社産業部編著、『財閥家脈-誰が韓国を動かすのか』（ムハン出版、2005年）413-414ページ。
(5) サムソングループは、李秉喆を初代創業者とする企業集団であるが、父李纘雨が李承晩大統領と交友関係を有していたため、韓国政府から民間に「帰属財産」が引き渡される際に、優遇され財閥形成の土台を作ることができた。1938年、李秉喆は、大邱において資本金3万円で三星商会を設立し、1948年に、李承晩大統領の知遇を受けながらソウルにおいて株式会社三星物産公司を設立している。その後、サムソングループは、朴正熙政権下の1969年にサムソングループの中核企業となる三星電子工業株式会社を設立し電子工業分野にも進出するのである。
(6) http://www.lg-japan.co.jp/servlet/ideal?cmd=company_idealogy から引用。
(7) 安倍　誠稿「韓国／通貨危機後のグループ再編　—LGの持株会社制度導入と系列分離」アジ研ワールド・トレンド No.119（2005年8月）6ページ。
(8) 山根眞一稿「韓国財閥と持株会社　—LGの持株会社化を事例として—」京都大学経濟論叢第179巻第5・6号（2007年6月）、28ページに詳しい。
(9) LGグループは、グループ企業における複雑な所有関係を整理することを目的として、グループの中核会社であるLG化学とLG電子をそれぞれ「持株会社」と「事業会社」に区分し、さらに持株会社を統合して「株式会社LG」を設立し、グループの系列企業をその傘下企業に置いているのである。
(10) 朝鮮日報、2000年12月27日付論説に詳しい。
(11) 海外留学の経験のある財閥創業者としては、サムソングループ創業者の李秉喆（1928年・早稲田大学政経学部中退）、ロッテグループ創業者の辛格浩（1946年・早稲田大学卒業）、斗山グループ創業者の朴容昆（1959年・ワシントン大学卒業）、鮮京（現、SKグループ）グループ創業者の崔鐘賢（1959年・シカゴ大学卒業）等が有名である。
(12) 竹内孝之稿「香港における財閥と政治の関係」『Graduate School of Policy and Management』（同志社大学、2003年）、344ページ。
(13) 高龍秀稿「韓国における財閥の淘汰と生き残り　—SKグループを中心に—」星野妙子編著、『ファミリービジネスの経営と革新　—アジアとラテンアメリカ—』（アジア経済研究所、2004年）80-87ページに詳しい。
(14) 韓国銀行編『調査月報』（1949年11月）87ページ。
(15) 李海珠著『東アジア時代の韓国経済発展論』（税務経理協会、2001年）113ページ。
(16) 向山　前掲稿12ページ。

第10章
ファミリービジネスの方向性

第1節 税制改正に対する評価と実務上の課題

第1項 平成25年度税制改正の概要

平成25（2013）年度税制改正は、経済再生を掲げる「アベノミクス」を税制面から支援するものであり、図表10-1に示すように資産課税に関する見直し

【図表10-1】 平成25（2013）年度税制改正のポイント

①格差固定化を防止する観点等から、相続税について、基礎控除を引き下げるとともに最高税率を引き上げる等税率構造の見直しを行います。また、小規模宅地等について相続税の課税価格の計算の特例について、見直します。
②高齢者の保有する資産を若年層に早期に移転させる観点から、贈与税の税率構造について、子や孫等が受贈者となる場合の贈与税の税率構造を緩和する等の見直しを行うとともに、相続時精算課税制度について、贈与者の年齢要件を引き下げ、受贈者に孫を加える拡充を行います。
③子や孫に対する教育資金の一部贈与に係る贈与税について、一定額を非課税とする措置を創設します。
④事業承継税制について、適用要件の緩和等制度の使い勝手を高める抜本的な見直しを行います。
⑤不動産譲渡契約書等に係る印紙税の税率の特例措置を拡充します。また、領収書に係る印紙税免税点を引き上げます。

（出所）財務省、「税制改正（案）のポイント」2013年3月、5-8ページ。

が行われるが、「事業承継税制」についても適用要件が緩和された。

事業承継税制は、平成25（2013）年度税制改正において図表10-2に示すように改正された。第一の改正点としては、「事前確認の廃止」が挙げられる。改正前では、制度を利用する際には、経済産業大臣の「事前確認」を受ける必

【図表10-2】 事業承継税制の改正ポイント

改正点	税制改正前	税制改正後《平成27年1月～》
(1) 事前確認の廃止	制度利用の前に、経済産業大臣の「事前確認」を受ける必要あり	「事前確認」を受けていなくても制度利用が可能に　※平成25年4月～
(2) 親族外承継の対象化	後継者は、現経営者の親族に限定	親族外承継を対象化
(3) 雇用8割維持要件の緩和	雇用の8割以上を「5年間毎年」維持	雇用の8割以上を「5年間平均」で評価
(4) 納税猶予打ち切りリスクの緩和	要件を満たせず納税猶予打ち切りの際は、納税猶予額に加え利子税の支払いが必要	利子率の引き下げ（現行2.1%→0.9%）承継5年超で、5年間の利子税を免除
	相続・贈与から5年後以降は、後継者の死亡又は会社倒産により納税免除	民生再生、会社更正、中小企業再生支援協議会での事業再生の際にも、納税猶予額を再計算し、一部免除
(5) 役員退任要件の緩和	現経営者は、贈与時に役員を退任	贈与時の役員退任要件を代表者退任要件に（有給役員として残留可）
(6) 債務控除方式の変更	猶予税額の計算で現経営者の個人債務・葬式費用を株式から控除するため、猶予税額が少なく算出	現経営者の個人債務・葬式費用を株式以外の相続財産から控除

（出所）中小企業庁ホームページ

要があったが、平成25（2013年）4月以後は「事前確認」を受けていなくても制度利用が可能になった。第二の改正点としては、「親族外承継の対象化」が挙げられる。改正前では、事業承継者は現在の経営者の親族に限定されていたが、平成27（2015年）1月以後は親族外承継も認められることになった。第三の改正点としては、「雇用8割維持要件の緩和」が挙げられる。改正前では、事業承継税制の適用を受ける企業は5年間、毎年8割以上の雇用維持が義務付けられていたが、税制改正により雇用の8割以上を5年間平均に緩和された。第四の改正点としては、「納税猶予打ち切りリスクの緩和」が挙げられる。改正前では、要件を満たせずに納税猶予打ち切りの際には、納税猶予額に加え利子税の支払いが必要となるが、平成27（2015）年1月以後は利子税率が現行の2.1%から0.9%に引き下げられ、承継5年超で5年間の利子税が免除された。また、改正前では、相続・贈与から5年後以降は、後継者の死亡又は会社倒産により納税免除であったが、平成27（2015）年1月以後は、民生再生、会社更正、及び中小企業再生支援協議会での事業再生の際にも、納税猶予額を再計算し、一部免除になった。第五の改正点としては、「役員退任要件の緩和」が挙げられる。改正前では、現経営者は贈与時に役員を退任しなければならなかったが、平成27（2015）年1月以後は代表者退任だけでよくなり有給役員として残留することが可能になった。第六の改正点としては、「債務控除方式の変更」が挙げられる。改正前では、経営者の個人債務及び葬式費用を株式から控除するため、猶予税額が少なく算出されていたが、平成27（2015）年1月以後は現経営者の個人債務及び葬式費用が株式以外の相続財産から控除されることになったため納税猶予が大きくなった。

第2項　平成25年度税制改正の評価

　平成25（2013）年度税制改正は、経済再生を掲げる「アベノミクス」を税制面から支援するものであり、「事業承継税制」についても適用要件が緩和され

た。従来、事業承継は、親族から承継者を選定することを前提としていたが、事業承継税制の改正は、「親族外承継を対象化」したものであり、事業承継者の選択肢を増やすことを可能とした。

つまり、平成25（2013）年度税制改正は、「親族外承継を対象化」したものであり、従業員等の親族以外の者から事業承継者を積極的に登用することが可能になった。実際、従業員のなかから経営者としての資質に優れた者を事業承継者として選出することは、従業員の士気と帰属意識を高める効果を期待できる。ただし、事業承継者が親族以外の者であれば、相続税の負担から免れることができるが、贈与税の負担という税務上の問題からは逃れることができないため、多額の納税負担を負いながらも事業承継の任を引き受ける従業員を捜すことは容易ではない。この事業承継税制には、"事業承継"ではなく"事業者承継"であるという批判もあるが、「親族外承継を対象化」とすることにより事業承継の選択肢を広げた。そして、改正により経済産業大臣の「事前確認」という事務手続きの負担が軽減し事業承継税制が活用しやすくなった。しかし、事業承継税制の改正においては、「雇用8割維持要件の緩和」や「親族外の承継者に対する高い贈与税の支払い」等の課題が残されており、さらなる税制改正が望まれる。

また、平成25（2013）年税制改正で認められた「事前確認の廃止」は、事業承継において大きな効果を期待できる。なぜならば、税制改正前では、経済産業大臣の「事前確認」が必要であったが、その手続きが不用となったことにより事務手続きの負担が軽減し活用しやすくなったからである。しかしながら、「雇用8割維持要件の緩和」については、たとえ5年間の平均であったとしても承継時の8割の雇用を維持しなければならず、零細・中小企業にとっては負担の重いものである。

安倍政権下、事業承継税制の要件が緩和され「親族外承継」も容認されることになったが、実務的には、贈与税の税負担が減少しなければ事業承継税制を

活用することは難しい。なぜならば、現行の贈与税の税率は、図表10-3に示すように相続税と比較して極めて負担が重いため、親族外の者が高い贈与税を支払ってまでも事業承継することは容易なことではないからである。

【図表10-3】 相続税の税率と贈与税の税率

●相続税率

各取得分の金額	率（%）	控除額（万円）
1,000万円以下	10	—
3,000万円以下	15	50
5,000万円以下	20	200
1億円以下	30	700
2億円以下	40	1,700
3億円以下	45	2,700
6億円以下	50	4,200
6億円　超	55	7,200

●贈与税率

基礎控除及び配偶者控除後の課税価格	率（%）	控除額（万円）
200万円以下	10	—
300万円以下	15	10
400万円以下	20	25
600万円以下	30	65
1,000万円以下	40	125
1,500万円以下	45	175
3,000万円以下	50	250
3,000万円　超	55	400

第2節　人的承継の重要性と第二創業の可能性

第1項　人的承継及び第二創業の可能性

　従来、事業承継は、親族から承継者を選定することを前提としていた。しかしながら、事業承継者は、必ずしも創業者の親族である必要はなく、そのため、親族以外を事業承継者に充てた場合には「親の財産を一切あてにできないが事業意欲のある若者や経営能力を有する従業員のビジネスチャンスを奪い新規ビジネスの展開を阻害する」[1]という従来の事業承継税制に対する批判をかわすことができる。

　しかし、非上場・中小のファミリービジネスにおいて、創業家以外から事業承継者を探しだすことは容易なことではなく、現実的には、創業家ファミリーによって「人的承継」が行われるケースが多い。ただし、事業承継は、ビジネスモデルの転換期とも捉えることができる。例えば、初代の経営者による開業を「創業」とするならば、ファミリービジネスにおける事業承継は「第二創業」と位置づけられる。

　ところで、第二創業は、「既存事業の見直し・底上げから一歩踏み込んで、既存事業の経営資源を活かしながら、あたかも新規創業のごとく、新規事業分野に踏み込んでいくこと」と定義づけすることができ、そして、第二創業のキーマンとしては、世代交代（事業承継）や権限移譲などを機に満を持して登場してくる若手後継者である場合が多い」[2]のである。そのため、先代から若手経営者への事業承継は、「第二創業」の可能性を秘めているのである。

　また、第二創業は、図表10-4に示すように、①新市場と新製品の組み合わせ、②既存市場と新製品の組み合わせ、③既存製品と新市場の組み合わせの3つに大別することができる。そのため、第二創業は、既存市場と既存製品とい

【図表10-4】 既存事業と「第二創業」の位置付け

		既存製品	新製品
既存市場		既存事業	② 新製品開発「経営革新型第二創業」
新市場		③ 新市場開拓「経営革新型第二創業」	① 新製品・新市場「企業革新型第二創業」

新規性大→ （縦軸：新規性↓）

（出所）柳 孝一教授の研究報告を基にして信金中金中央総合研究所作成。信金中央金庫総合研究所稿、「脚光を浴びる『第二創業』」（産業企業情報）2005年2月2日、2ページ。

う旧来の組み合わせからの脱却である。

第2項　第二創業ビジネスモデルの構築

　第二創業におけるビジネスモデルの構築においては、図表10-5に示すように2つの分岐点が存在する。第1の分岐点は、創業以来の企業経営者の経営理念を継承するのか、あるいは事業経営者が新たな経営理念を標榜するのかという経営理念上の分岐点であり、第2の分岐点は、既存の事業を基盤としてこれに関連性の高い新規事業に進出するというビジネスモデルを構築するのか、あ

【図表10-5】　第二創業の分岐点

第二創業におけるビジネスモデルの構築
　↓　　　　　　　　　　　　↓
《経営理念上の分岐点》　　《経営戦略上の分岐点》
創業者の経営理念から事業承　　創業以来の既存の事業から事業承
継者の経営理念への移行時期　　継者による新規事業への進出時期

（出所）髙沢修一稿「中小企業の事業承継と後継者の育成ポイント」『税理』2007年5月号、148ページ。

るいはまったく新しい未経験の新規事業への進出をはかるというビジネスモデルを構築するのかという経営戦略上の分岐点であり、事業承継時の企業が置かれている経営環境によりその選択肢が変わる[3]。

第二創業における第1の分岐点では、"経営理念"がキーワードとなる。しかし、経営理念の定義付けは難しい。なぜならば、わが国の経営理念の定義付けについては、数多くの研究成果が蓄積されているからである。例えば、山城章は、「経営主体が目的を達成するための活動指針」と定義付け、高宮　晋は、「経営者が事業目的を達成するための精神的支柱」と定義付け、中川敬一郎は、「経営者が公表する経営目的や指導原理」と定義付け、奥村悳一は、「経営者等の経営主体が公表する信念」であると定義付ける[4]。

また、松下幸之助は、経営理念について「何を目的として経営を行うのか、そしてその目的を達成するためにいかにして経営を行うべきであるかという基本的な考え方」であると説明し、そして、立石一真は、経営理念について"経営の姿勢"であると言及する[5]。例えば、経営理念を、「経営者等の経営主体が経営目的を達成するために設けた活動指針や指導原理である」と認識したならば、ファミリービジネスにおいて、「第二創業」を目指す事業承継者には、創業者の経営理念から脱却し独自の経営目的を掲げ、その経営目的を達成するための活動指針や指導原理を経営組織に浸透させることが求められるのである。

一方、第二創業における第2の分岐点は、"経営戦略"の転換期である。チャンドラー（Chandler, A. D.）は、経営戦略について「企業体における長期的な種々の経営目的を決定し、これらの経営目的を達成するために諸資源を効率的に配分することである」[6]と定義付ける。また、アンゾフ（Ansoff, H. I.）は、企業における意思決定を、①業務的意思決定、②管理的意思決定、及び③戦略的意思決定に3区分し、戦略的意思決定とは、企業の内部問題ではなく企業の外部問題に係わる意思決定のことであり、具体的には市場選定や製品ミッ

クスに係わるものであると説明する。そして、経営戦略について「企業が決定した事業分野や成長の方向性を満たすためには経営目的を明確にするだけでなく、この経営目的を補完する意思決定ルールやガイドラインが必要となり、経営戦略とはこれらの意思決定ルールやガイドラインのことである」[7]と定義づける。

ファミリービジネスにおける事業承継は、「民法上の相続に包括されるものとし、相続人の地位を占める事業経営者が被相続人である先代の事業経営者から事業を承継することである」と定義づけられ、「人的承継」と「物的承継」に大別される。前者の事例としては、事業承継者の確保と育成が挙げられ、後者の事例としては、取引相場のない株式の評価及び相続税納税額の確保等が挙げられる。

そして、ファミリービジネスにおける物的承継を対象とした税制が「事業承継税制」であるが、非上場・中小のファミリービジネスの事業承継では、事業の後継を担う人的資源の確保を目的とした「人的承継」も重要な経営課題として位置づけられる。特に、オーナー企業では、図表10-6に示すように、「全体の68.2%にあたる27万9,160社が、現在、後継者未定（未詳も含む）であり、そして、年商区分が低いほど後継者の未定率は高くなっており、『年商1億円未満』のオーナー企業では4社のうち3社が後継者未定となっており、このことから、規模の小さなオーナー企業では、事業の継続が今後の大きな課題となる可能性がある」[8]と報告されている。

すなわち、非上場・中小のファミリービジネスにおける人的承継は、重要な経営課題の一つとして位置づけられる。そして、事業承継者による人的承継は「第二創業」の好機であり、積極的なビジネスモデル再編の可能性を秘めている。また、第二創業は、独り非上場・中小のファミリービジネスだけの経営課題として認識すべきものではなく、上場・大手のファミリービジネスにおいても認識されなければならない経営課題なのである。

【図表10-6】 オーナー企業・後継者　後継者の有無・年商規模別

後継者の有無	件数	構成費
いる	130,032社	31.8%
いない（未詳も含む）	279,160社	68.2%
合計	409,192社	100.0%

売上高	後継者なし	後継者あり	後継者未決定率
1億円未満	111,880社	37,300社	75.0%
1～10億円未満	147,668社	77,850社	65.5%
10～50億円未満	17,282社	12,891社	57.3%
50～100億円未満	1,494社	1,247社	54.5%
100～500億円未満	774社	674社	53.5%
500～1,000億円未満	46社	44社	52.2%
1,000億円以上	14社	26社	35.0%
合計	269,160社	130,032社	68.2%

（出所）株式会社帝国データバンク本社調査部稿、「全国オーナー企業分析」2010年3月10日、4ページ。

注
(1) 森信茂樹著『日本の税制　グローバル時代の「公平」と「活力」』（PHP新書、2001年）149ページ。
(2) 鉢嶺　実稿「脚光を浴びる『第二創業』―既存事業の"行き詰まり感"の打開へ向けて」『信金中金月報』2005年3月号、1・15ページ。
(3) 髙沢修一稿「中小企業の事業承継と後継者の育成ポイント」『税理』2007年5月号、148ページ。
(4) 山城　章著『現代の経営理念』（白桃書房、1969年）、高宮　晋著、『現代の経営』（ダイヤモンド社、1970年）、中川敬一郎著『経営理念の国際比較―その歴史的考察』（東京大学出版会、1981年）、奥村惠一著『現代企業を動かす経営理念』（有斐閣、1994年）に詳しい。
(5) 松下幸之助著『実践経営哲学』（PHP研究所、1978年）18-19ページ、立石一真著『企

業家精神の復活』（PHP 研究所、1985 年）100-102 ページ。
(6) Chandler, A. D. Jr., *Strategy and Structure*, MIT Press, 1962.（三菱経済研究所、『経営戦略と経営組織』、実業之日本社、1967 年）に詳しい。
(7) Ansoff, H. I., *Corporate Strategy*, McGraw-Hill, 1965.（広田寿亮訳『企業経営論』産業能率大学出版部、1977 年）に詳しい。
(8) 「全国オーナー企業分析」2010 年 3 月 10 日、4 ページ。

主要参考文献

和　文　献

新井益太郎監修・成道秀雄編著『税務会計論（第3版）』（中央経済社、2004年）
浦野広明『納税者の権利と法』（新日本出版社、1998年）
大倉雄次郎『税務会計論　新会計基準対応（四訂版）』（森山書店、2009年）
石　弘光『現代税制改革史』（東洋経済新報社、2008年）
井出文雄『要説近代日本税制史』（創造社、1955年）
石村耕治編『宗教法人法制と税制の在り方―信教の自由と法人運営の透明性の確立―』（法律文化社、2006年）
石村耕治編『アメリカ連邦税財政法の構造』（法律文化社、1995年）
小栗崇資『株式会社会計の基本構造』（中央経済社、2014年）
金子　宏『租税法〔第19版〕』（弘文堂、2014年）
川田　剛『租税法入門（3訂版）』（大蔵財務協会、2007年）
北野弘久『現代企業税法論』（岩波書店、1994年）
北野弘久『税法問題事例研究』（勁草書房、2005年）
北野弘久『税法学原論〔第六版〕』（青林書院、2007年）
北野弘久・小池幸造・三木義一『争点相続税法（補訂版）』（勁草書房、1996年）
倉科敏材『ファミリー企業の経営学』（東洋経済新報社、2003年）15ページ。
倉科敏材編『オーナー企業の経営』（中央経済社、2008年）
高　正臣『韓国税法の概要と争点』（税務経理協会、2009年）
湖東京至・北野弘久『消費税革命　ゼロパーセントへの提言』（こうち書房、1994年）
齋藤力夫『宗教法人会計の理論と実務』（中央経済社、1999年）
社団法人日本租税研究協会編『シャウプ勧告とわが国の税制』（社団法人日本租税研究協会、1983年）
鈴木一水『税務会計分析―税務計画と税務計算の統合―』（森山書店、2013年）
瀬戸山孝一『相続税法』（税務経理協会、1961年）
志賀　櫻『タックス・ヘイブン　―逃げていく税金』（岩波新書、2013年）
高木多喜男『遺留分制度の研究』（成文堂、1981年）
髙沢修一『法人税法会計論〔第2版〕』（森山書店、2013年）
武田昌輔『武田昌輔税務会計論文集』（森山書店、2001年）
田中二郎『租税法〔第3版〕』（有斐閣、1990年）

富岡幸雄『事業推進型承継税制への転換―事業承継税制の推移と改革構想―』（ぎょうせい、2001 年）
富岡幸雄『税務会計学原理　中央大学学術図書（56）』（中央大学出版部、2003 年）
富岡幸雄『新版税務会計学講義〔第 2 版〕』（中央経済社、2011 年）
中田信正『税務会計要論（16 訂版）』（同文舘出版、2008 年）
中村　忠・成松洋一『企業会計と法人税』（税務経理協会、1992 年）
成道秀雄『新版税務会計論〔第 3 版〕』（中央経済社、2011 年）
林　栄夫『戦後日本の租税構造』（有斐閣、1968 年）
平野　武・齊藤　稔『宗教法人の法律と会計』（晃洋書房、2001 年）
福浦幾巳編著『租税法入門』下巻（中央経済社、2014 年）
本庄　資『アメリカの租税政策』（税務経理協会、2007 年）
松沢　智『新版　租税実体法（補正第 2 版）』（中央経済社、2003 年）
三木義一『現代税法と人権』（勁草書房、1992 年）
三木義一『日本の税金』（岩波書店、2003 年）
水野忠恒『租税法〔第 5 版〕』（有斐閣、2011 年）
森信茂樹『日本の税制　グローバル時代の「公平」と「活力」』（PHP 新書、2001 年）
柳　裕治『税法会計制度の研究』（森山書店、2001 年）
山本守之『租税法の基礎理論（増補版）』（税務経理協会、2005 年）

欧　文　献

Abel, A（1985）, Precautionary Saving and AccidentalBequests, *American, Economic Review*, Vol. 75.

Alcohol Policy in the Nordic Countries（2004）, Document for the meeting between the Nordic Ministers of Health and Social Affairs in Copenhagen.

Alstott, Anne L（1996）, The Uneasy Liberal Case Against Income and Wealth Transfer Taxation: A Response to Professor McCaffery, *Tax Law Review* 51.

Andreoni, J（1989）, Giving with Impure Altruism: Applications to Charity and Ricardian Equivalence, *Journal of Political Economy*, Vol 97.

Anderson, R. C. and Reeb, D. M.（2003）, Founding—Family Ownership and Frm Performance Evidence from the S&P 500, *Journal of Finance*, 58（3）

Baker, P. George, and Smith（1998）, *The New Financial Capitalists—Kohlberg Kravis Roberts and the Creation of Corporate Value*, Cambridge University Press.

Banting, K. G（1991）, The politics of wealth taxes, *Canadian Public Policy*, Vol. 17.

Beckert. J（2008）, *Inherited Wealth* , Princeton University Press.

Bernheim, B. Douglas（1987）. Does the Estate Tax Raise Revenue? *Tax Policy and* the Economy 1.

Bernheim, D., A, Schleifer, and L. Summers (1985), The Strategic Bequest Motive, *Journal of Political Economy*, Vol. 93.

Bonacich, Edna (1973), A Theory of Middleman Minorities, *American Sociological Review*, Vol. 38.

Brealey, Richard A, and Myers, Stewart C (2002), *Principal of Corporate Finance*, 6 Ed McGraw―Hill Company, Inc.

C. Pinto (1988), EU and OECD to Fight Harmful Tax Competition: Has the Right Path Been Undertaken?, *Inter tax*, Vol. 26

Chandler, A. D. Jr (1977), *The Managerial Revolution in American Business*, Harvard University Press.

Cole, A. H (1959), *Business Enterprise in itu Social Setting*, Harvard University Press.

Doernberg Richard L (1996), *International Taxation*, third Edition, West Publishing Company, Registered in the U.S.

Duff, D. G (2005)., "The Abolition of wealth transfer taxes: Lessons from Canada, Australia, and NewZealand", Pittsburgh tax revie 71.

Gosling. J and H. Mintzberg (2003), The Five Minds of a Manager, *Harvard Business Review*, vol. 81, No. 11.

Graetz, Michael J (2003), *Foundations of International Income Taxation*, Foundation Press.

Jappelli, T. et al (2011), Transfer taxes and inequality, GINI Discussion Paper21.

John H. Langbein (1995), The Contractarian Basisi of the Law of Trusts, *The Yale Law Journal*.

J. S. Feinstein (1989), Reassessing the Tax Gap; New Estimate of Filer Income Tax Evasion and It's Detection, Tax Notes Now. 20.

M. Bronfenbrenner and K. Kogiku (1957). The Aftermath of the Shoup Tax Reforms: Paet1, *National Tax Journal*, Vol. X. No. 3.

Mc. Murray. O. K. (1919), Liberty of testation and some modern limitations thereon, *Illinois Law* Review14.

Mirrlees et al (2011) Taxes on Wealth Transfers, *Tax by Design: The Mirrlees Review*, Oxford University Press.

Mintzberg. H (1975), The Manager's Job: Folklore, *Harvard Business Review*, vol. 53, No. 4.

Modigliani, F (1988), The Role of Intergenerational Transfers and Life Cycle Saving in the Accumulation of Wealth, *Journal of Economic Perspectives*, Vol. 2.

Peter J. Carrington, John Scott and Stanley Wasserman (2005), *Models and Methods in Social Network Analysis*, Cambridge University Press.

Philip J. Cook and George Tauchen (1982). The Effect of Liquor Taxes on Heavy Drinking, Be*ll Journal of Economics*, vol. 13, No. 2.

Shoup, C. S (1949) by Shoup Mission "Report On Japanese Taxation" General Headquarters Supreme Commander For The Allied Powers Tokyo, Japan September.

Tax Relief 2001, *A Summary of Selected Provisions of the Economic Growth and Tax Relief Reconciliation Act of 2001*, The National Underwriter Company.

Vijfeijken, I. V (2006), Contours of a modern inheritance and gift tax,, *Intertax*, Vol. 34.

Willard G. Manning et al (1995)., The demand for alcohol: The differential response to price, *Journal of Health Economics*, vol. 14 iss. 2.

Wortman, M. S (1994), Theoretical foundations for family—owned business: A conceptual and research—based paradigm, *Family Business Review*, 7 (1).

索　引

あ行

後継ぎ遺贈型の受益者連続型信託‥49
アメリカ信託制度……………………56

遺留分…………………………………54

MBO（Management Buy-Ont）‥89, 97

か行

外国口座税務コンプライアンス法‥69
韓国国際私法………………………108
韓国財閥……………………………117
韓国相続税法………………………108

QIレジーム…………………………68

さ行

在日コリアン企業家………………103

事業承継税制…………………3, 12, 138
シャウプ勧告…………………………7
収益還元方式…………………………21
宗教法人………………………………80
酒税……………………………………84
純資産価額方式………………………19

小規模宅地等についての相続税の課税
　価格の計算の特例……………39
人的承継…………………………6, 142

全部取得条項付種類株式……………95

創業家取締役…………………………89
相続時精算課税制度…………………42
租税競争…………………………4, 64

た行

第二創業……………………………142
タックス・ヘイブン（Tax Heven）
　………………………………62, 64

同族会社………………………………1
取引相場のない株式等………………17

な行

農業相続人……………………………76

は行

配当還元方式…………………………20
パナマ文書……………………………62

BEPS（Base Erosion and Profit

Shifting) ·············· 61
ファミリービジネス ············ 1, 6
負担付遺贈 ·················· 52

法定相続分課税方式 ············ 10
香港財閥 ··················· 131

ら行

類似比準価額方式 ·············· 20

〈初出一覧〉

本書は、下記論文またはその一部を修正・加筆し、一部を書き下ろしてまとめたものである。

第1章　書き下ろし

第2章　「事業承継における非上場株式の評価に関する問題点　―純資産価額方式の改正点を中心として―」『會計』第180巻第6号（森山書店、2011年）

第3章　「非上場会社の資産評価に関する一考察　―財産税務会計からのアプローチ―」『會計』第168巻第6号（森山書店、2005年）

第4章　「受益者連続型信託における問題点の検討　―財産税務会計からのアプローチ―」『會計』第174巻第6号（森山書店、2008年）

第5章　「租税競争が生み出す事業承継における問題点の検討　―国外金融資産の実態把握と資産評価を中心として―」『會計』第182巻第5号（森山書店、2012年）

第6章　「特殊な事業承継における人的承継と関連税制の検討」『税制研究』No. 69（税制経営研究所、2016年）

第7章　「MBOにおける創業家取締役の責任と公正な取得価格の算定」『會計』第187巻第6号（森山書店、2015年）

第8章　「在日コリアン企業家の人的承継と税務問題」『税制研究』No. 70（税制経営研究所、2016年）

第9章　「韓国財閥の事業承継における特異性」『會計』第184巻第6号（森山書店、2013年）

第10章　「アベノミクスと事業承継　―事業承継税制の改正点を中心として―」『税制研究』第64号（税制経営研究所、2013年）

著者紹介

髙 沢 修 一（たかさわ　しゅういち）
大東文化大学経営学部教授　博士（経営学）
中華人民共和国河北大学客座教授
フェリス女学院大学国際交流学部講師（非常勤）
高沢修一税理士事務所所長（東京税理士会）

主要著書
『会計学総論』森山書店、2003 年
『同 第 2 版』2006 年
『事業承継の会計と税務』森山書店、2008 年
『法人税法会計論』森山書店、2010 年
『同 第 2 版』2013 年他

ファミリービジネスの承継と税務

2016 年 11 月 10 日　初版第 1 刷発行

著　者 ⓒ 髙沢　修一
発行者　　菅田　直文
発行所　有限会社　森山書店　東京都千代田区神田錦町
　　　　　　　　　　　　　　1-10 林ビル〒101-0054
　　　　TEL 03-3293-7061 FAX 03-3293-7063　振替口座 00180-9-32919

落丁・乱丁本はお取りかえ致します　　印刷・三美印刷／製本・積信堂
本書の内容の一部あるいは全部を無断で複写複製する
ことは、著作権および出版社の権利の侵害となります
ので、その場合は予め小社あて許諾を求めてください。

ISBN 978-4-8394-2163-2